Karlfried Graf Dürckheim

Zen und wir

Fischer Taschenbuch Verlag

Fischer Taschenbuch Verlag
Dezember 1974
Überarbeitete und erweiterte Ausgabe
Umschlagentwurf: Jan Buchholz/Reni Hinsch
Fischer Taschenbuch Verlag GmbH, Frankfurt am Main
Lizenzausgabe mit freundlicher Genehmigung
des Otto Wilhelm Barth Verlag
(im Scherz Verlag, Bern und München)
© Otto Wilhelm Barth Verlag GmbH, Weilheim/Obb. 1961
Gesamtherstellung: Hanseatische Druckanstalt GmbH, Hamburg
Printed in Germany
ISBN 3 436 02012 5

Inhalt

Vorwort zur zweiten Auflage

Die in der ersten Auflage dieses Buches vertretene Auffassung von der Bedeutung des Zen für den westlichen Menschen hat sich bestätigt. Mächtig schlugen seither die Wellen des Zen in die Gefilde des abendländischen Geistes herüber. Doch Zen im Westen aufnehmen, kann zweierlei bedeuten: die Bereitschaft, Buddhist zu werden — oder sich dem allgemeinmenschlich Bedeutsamen, das im Zen enthalten ist, zu öffnen. Mir geht es nur um das Letztere. Ich weiß, daß es die Auffassung gibt, Zen ließe sich nicht von seiner buddhistischen Wurzel trennen. Zen sei Zen-Buddhismus oder kein Zen. Das mag für den Theoretiker stimmen, der mangels eigener Erfahrung und Entwicklung in der Lehre von der uns allen innewohnenden Wesens (»Buddha«)-Natur ein nur östliches Selbstverständnis des Menschen sieht oder Zen nur aus Büchern oder als Tourist kennt. Wer aber nicht seinstaub ist oder sich einmal für einige Zeit einer Zen-Praxis, z. B. dem Za-Zen widmet, wird bald erleben, daß hier allgemeinmenschliche Voraussetzungen jeder lebendigen Religiosität, ja, jeder Entwicklung zur Vollreife des Menschen angesprochen werden: die Möglichkeit 1. zur Einswerdung mit unserem »Wesen« als der Weise, in der das überweltliche, göttliche SEIN in uns anwesend ist, 2. zu der uns Menschen aufgegebenen Verwandlung, deren Sinn die Große Durchlässigkeit ist, die Transparenz für die uns innewohnende Transzendenz. — Das Za-Zen, dies »Sitzen in stiller Versenkung« als Praxis der Meditation — Meditation nicht als »Betrachtung«, sondern als Verwandlungsübung verstanden — ist ein sehr nüchternes, hartes und strenges Exerzitium, bildet ein gesundes Gegengewicht gegen allerlei ekstatische Bewegungen unserer Zeit und kommt durch das Gewicht, das es auf die disziplinierte Haltung im Leibe legt, nicht nur dem abendländischen Ja zur personalen Gestalt, sondern auch der christlichen Forderung nach Fleischwerdung des Geistes entgegen. — Die Begegnung mit dem Zen wird dazu beitragen, die Erfahrungswurzeln der in ihm enthaltenen universalen Wahrheit in unserer eigenen Tradition wiederzuentdecken und auch unser Glaubensleben neu zu beleben.

Was geht Zen uns Abendländer an?

Was geht Zen uns Abendländer an? Zen ist heute in aller Munde. Jede Veröffentlichung über den Zenbuddhismus findet durstige Leser. Woher kommt diese geheimnisvolle Anziehungskraft des Zen? Ist es eine Modeströmung? Ist es die Neigung zum geheimnisvoll Fremden? Eine Flucht aus der eigenen Problematik in eine ferne Welt? Das alles mag hineinspielen. In Wahrheit aber ist es etwas anderes, das die Anziehungskraft des Zen bedingt.

Der Mensch unserer Zeit spürt das innere Ungenügen der ihn bestimmenden weltlichen Ordnungen. Aus seinem wahren Wesen leidet er immer tiefer darunter, daß die Herrschaft der Formen des Denkens und Wirkens, mit denen er sein Leben »in der Welt« meistert, sein inneres Leben aushöhlt. Wo der Glaube ihn nicht mehr trägt, treibt ihn die fortschreitende innere Verödung in die Flucht vor sich selbst in die Welt. Sich selber entfremdet, stockt sein innerer Atem. Schuldgefühle und Angst beherrschen ihn. Er weiß nicht warum und sucht selbstverloren den Ausweg. Sobald ihm nun ein Text zu Gesicht kommt, den ein Zen-Meister schrieb, spricht ihn ein Tieferes an, und es ist ihm, als wittere er Freiheitsluft, als löse ein Frühlingswind plötzlich die erstarrte Oberfläche seines Daseins und riefe, Befreiung verheißend, ein verborgenes Leben hervor. Darin liegt die Anziehungskraft aller Äußerungen des Zen: Sie verheißen Befreiung aus der Not der Verstelltheit unseres eigentlichen Lebens und Seins!

Alle echten Lebensäußerungen des Zen stoßen durch die Kruste des Gewordenen hindurch und zeugen von der Möglichkeit eines neuen Werdens. Sie durchbrechen das wohlgeordnete Gefüge der Vorstellungen, Begriffe und Bilder, die uns zwar tragen und schützen, zugleich aber von dem wirklichen Leben in uns abriegeln, das sich im ewigen Neuwerden bekundet. Zen rührt in uns das Eigentliche an, das als das ewig verwandelnde, erlösende und schöpferische LEBEN vor keinem Gewordenen haltmacht und in keine feste Form gebannt werden kann. Zen schlägt die Tore auf und weist ins Freie. Darum ist Zen unbehaglich für den Bürger in uns, der sich gern im gewohnten Gehäuse rhythmisch im Kreise bewegt, bedrohlich für die Hüter verhärteter Weltanschauung, ärgerlich für jeden Vertreter eines »Systems«, in dem er sich eingerichtet hat und die Welt reibungslos ordnet und meistert; höchst beunruhigend auch für uns alle, die wir mit dem Wort »Wirklichkeit« etwas verbinden, das dem Verstand begreiflich sein muß. Was Zen uns beschert, ist für den Verstand gänzlich unfaßbar. Aber gerade darum auch ist Zen so anziehend und voller Verheißung für jeden von uns, der sich nach neuem Horizont umsieht, weil er es satt hat, sein Leben im faulen Frieden fester Begriffe und gesicherten Behagens veröden zu lassen, und durstig ist nach wirklichem Leben, das sich immer erst im Herausspringen aus aller Sicherheit im Bedingten in der ungesicherten Fühlung mit dem Unbedingten entzündet.

Das Licht aus dem Osten?

Wie könnte aus dem Osten etwas für uns so Entscheidendes kommen, wie Zen es verspricht? Fließt die geheimnisvolle Quelle nicht genauso bei uns? Gewiß, aber nur im Verborgenen. Die Entwicklung des abendländischen Geistes hat sie für unser Bewußtsein verschüttet oder in Mißkredit gebracht. Im Osten blieb der Zugang zu ihr immer frei, und seit alters her wurde sie in einem reich verzweigten System von Kanälen gefaßt und im Fließen gehalten. Doch ist der Osten auch heute noch, was er war? Unterliegt er jetzt nicht einer Entwicklung, die ihn verwestlicht und uns nichts Eigenes mehr zu sagen hat? Diese Frage hört man heute so oft. Aber so wenig die Bedeutung, die der Geist der Antike für uns Abendländer besitzt, davon abhängt, welche Entwicklung das Volk der Griechen genommen, so wenig ändert sich für uns die Bedeutung des fernöstlichen Geistes und seiner Früchte mit der politischen, wirtschaftlichen oder auch geistigen Entwicklung der Völker Japans, Chinas und Indiens. Ja, vielleicht rückt gerade diese Entwicklung, die die noch lebendigen Zeugen altöstlichen Geistes oft zu gefährden scheint, die Bedeutung, die der östliche Geist für uns hat, erst ins volle Licht unseres Bewußtseins. Dies um so mehr, als wir begreifen, daß die Rasanz, mit der die östlichen Völker sich heute westlicher Denk-

und Lebensformen bemächtigen, keineswegs nur das Bedürfnis nach westlichen Produkten und Techniken zum Zwecke der Selbsterhaltung und Machtgewinnung bekundet, sondern tiefer noch die Notwendigkeit ausdrückt, endlich auch die Seite des menschlichen Geistes zu entwickeln, die bisher immer zu kurz gekommen war, ohne deren Ausbildung der Mensch aber doch noch nicht der ganze Mensch ist: die rationale, mit der der Mensch die Welt theoretisch und praktisch meistert.

Umgekehrt: je mehr wir uns gerade heute, einer geheimen Anziehungskraft folgend, mit den Zeugnissen altöstlichen Geistes befassen, um so deutlicher kann und sollte es werden, daß die Spannung, die wir zwischen dem östlichen und westlichen Geiste empfinden, letztlich nicht auf einen völkerkundlich zu verstehenden Gegensatz zurückgeht, sondern ein innermenschliches Problem ausdrückt. So wie die Tiefenpsychologie heute deutlich gemacht hat, daß der Mann, um ein ganzer Mensch und so auch erst ein ganzer Mann zu werden, das Weibliche in sich selbst kennenlernen, ernstnehmen und entwickeln muß, ebenso muß der Abendländer, um ein ganzer Mensch und so auch in der ganzen Fülle des ihm menschlich Zugedachten ein ganzer Abendländer bleiben zu können, das, was er zunächst als östlich empfindet, als etwas ernstnehmen und entwickeln, das in ihm selbst darauf wartet, wahrgenommen und zugelassen zu werden.

Im östlichen Geist treten, wenn auch in spezifisch östlicher Einkleidung, Seiten und Möglichkeiten des Menschen hervor, die bei uns im Schatten der für uns charakteristischen Züge nicht recht zur Entwicklung kamen, obwohl sie zur Ganzheit des Menschseins gehören. In diesem Sinne verstanden, enthält auch die Erfahrungsweisheit des Buddhismus, insbesondere des Zen, nicht nur »Östliches«, sondern etwas von allgemein menschlicher Bedeutung, ja etwas, das in unserer Zeit, die die Gefahr der Einseitigkeit unserer Entwicklung in beängstigenden Zeichen ans Licht bringt, von besonderer Bedeutung ist.

Das zentrale Anliegen des Zen

Was ist das zentrale Anliegen des Zen? Die Neugeburt des Menschen aus der Erfahrung des Seins!

Zen lehrt die empirische Entdeckung des transzendenten Kernes unseres Selbstes, lehrt das »Schmecken« des divinen

Seins in diesem weltlichen Dasein. Zen lehrt es nicht in der Weise eines analytischen, schlußfolgernden Denkens, nicht in der Form eines dogmatischen Glaubens und auch nicht als System einer spekulativen Metaphysik, sondern als Weg zu einer dem Menschen möglichen und im Grund zugedachten Erfahrung. In ihr geht uns auf, daß unser zwischen Leben und Tod gespanntes weltliches Dasein in einem überweltlichen Sein wurzelt, das wir alle im verborgenen Grunde unseres Wesens sind und dessen bewußt zu werden unsere menschliche Chance und Aufgabe ist. Diese Erfahrung und ihre Bewährung hat freilich zur Voraussetzung, daß wir die Herrschaft einer uns eingefleischten Bewußtseinsform brechen, in deren Grenzen wir uns für gewöhnlich bewegen. Was dies bedeutet als Möglichkeit, als Forderung, als Weg und als Folge — das lehrt Zen in einer Weise, die nicht nur für den Osten gültig ist, sondern auch für uns. Und weil die Zeit für dieses Überschreiten auch für uns da ist — sofern wir die Grenze spüren, an die wir gelangt sind —, hat Zen für uns heute seine besondere Bedeutung. Was der östliche Meister seinem Schüler zumutet, in harter Übung, jenseits derer ein ganz anderes, Unerhörtes aufleuchtet, das ist heute bei vielen von uns durch die Gesamtentwicklung des westlichen Geistes geleistet. Immer mehr Menschen sind heute an eine Grenze gelangt, an der sie nicht nur verzweifelt und in Auflehnung gegen das in ihnen und um sie herum Gewordene leben, sondern in sich auch Zeichen eines Neuen verspüren, das ihnen Befreiung verheißt. Doch wie immer da, wo das Wesen erwacht, die Widerwelt auf den Plan tritt und die Trägheit des Gewordenen den Durchbruch zum Neuen verstellt, so sind auch heute alle dunklen und retardierenden Mächte am Werk, um im Mantel ehrwürdiger Traditionen der Wissenschaft und der Religion das Kommen des Neuen zu verhindern. Und wie immer, so wird auch heute das offene und das verborgene Wirken der »Reaktion« durch das heillose Reden und Tun derjenigen erleichtert, die das Neue, ohne es wurzelecht zu kennen, oder allzu billig in einer Weise »verkaufen«, die die Frucht der überall aufbrechenden höheren Kräfte durch heillose Erkenntnis- und Übungspraktiken verderben.

In aller Munde ist heute schon die Rede vom Nichts und vom Sein, von der Grenze und vom Durchbruch, vom Tao und vom Zen. Alles wird beredet und zerredet und vor allem dadurch verfälscht, daß es als etwas hingestellt wird, das ohne

Not und Verwandlung verstanden werden und in uns eingehen kann. So aber ist etwas, das nur in einer existentiellen Praxis aufgehen kann, zum Objekt einer theoretischen Reflektion geworden. Allzu leicht berauscht man sich hier dann an abstrakten Formeln und hohen Begriffen, ohne die sehr konkrete Forderung, die sie enthalten, zu ahnen oder auf sich zu beziehen. Dies ist auch die Gefahr, die aus einem falschen Sichbefassen mit Zen droht. Und doch müssen wir wissen: Was hier oft einer theoretischen Spekulation gleicht, in der das, wovon die Rede ist, dem Unwissenden oder Unvorbereiteten als etwas Abstraktes erscheint, das ist im Zen als glutvolle Erfahrung gegenwärtig und betrifft in der leiddurchzogenen, vom ewigen Stirb und Werde durchfurchten Tiefe unseres Lebens unser eigentliches Wesen, das nur darauf wartet, entdeckt und ernstgenommen zu werden. Wird es entdeckt, dann ist dies das entscheidende, alles umstürzende und neumachende Ereignis unserer menschlichen Existenz. Um dieses Ereignis und um nichts anderes dreht es sich im Zen, um das *Satori*, die »Große Erfahrung«, in der das uns ewig hervorbringende, immer durchwirkende, immerzu wieder heimliebende und neu gebärende LEBEN, das wir selber im Wesen auch sind, in unser Bewußtsein tritt.

Die »Große Erfahrung« ist eine Erfahrung, die auf alle Menschen wartet, die kraft einer Stufe oder aus innerer Not dazu aufgeschlossen sind, ganz gleich, zu welcher Religion sie sich bekennen. Der Gehalt dieser Erfahrung ist ohne allen Zweifel die Wurzel aller echten Religiosität und so auch die Voraussetzung jeder Erneuerung religiösen Lebens. So auch heute, sofern es sich um Menschen handelt, die, der ursprünglichen und unbewußten Verwobenheit mit der Wurzelschicht unseres Lebens entwachsen, ihren einstmals dort verankerten Glauben in seiner theologischen Deformation verloren und im Versuch, die Unbegreiflichkeiten des Lebens rational zu meistern, gescheitert sind.

Zen führt uns in die Wahrheit des Lebens. Es tut dies zwar in Gestalt einer Blüte am östlichen Zweige des menschlichen Lebensbaumes, meint aber eine im Grunde allen Menschen zugängliche Erfahrung, Weisheit und Übung.

So ist Zen seiner universalen Bedeutung nach keine besondere Religion oder Weltanschauung, die dem, der in einer anderen Tradition steht, eine ihm fremde Gestalt aufdrängen will, sondern Zen meint das eine Licht, das durch all die farbenreichen

Fenster hindurchscheint, durch die die verschiedenen Menschen und Völker ihrer Eigenart und Tradition gemäß ins Freie zu blicken suchen. Zen ist wie der Regen, der jeden Samen zu seiner Gestalt heranwachsen läßt und ohne den jedes Wachstum erstirbt. Zen meint die Erde aller Wurzeln des Lebens, in die jeder seine Wurzeln wieder einsenken muß, wenn er zu sich selbst kommen und neu werden will. Zen meint die Luft, in der jedes menschliche Wesen atmet und ohne die das menschliche Leben am Ende erstickt.

Zen als existentielle Antwort

So wie Zen aus dem Osten zu uns dringt, ist er oft unverständlich. Damit Zen fruchtbar werde für uns, ist zweierlei notwendig. Es muß uns gelingen, Zen losgelöst von seiner uns fremden Hülle zu verstehen. Wir müssen das Allgemeinmenschliche, auf das es für uns Abendländer ankommt, aus dem Gewande fernöstlicher, buddhistischer, mahajana-buddhistischer und endlich spezifisch ostzenistischer Einkleidungen herauslösen, in denen sich die allgemein gültige Wahrheit des Zen für uns zunächst oft verbirgt. Aber auch dann werden wir, was Zen uns zu sagen hat, nur vernehmen, wenn wir es in einer nicht nur theoretisch interessierten Haltung aufzunehmen versuchen, sondern ihm aus unserer eigenen eixistentiellen Bedürftigkeit heraus begegnen. Es gibt keine Einsicht in das Wesen des Zen für den, der das Einzusehende im Raum des theoretisch Begreifbaren und also in sachlich objektiver Distanz sucht. Denn in dieser Distanz gibt es überhaupt kein Zen.

Wie es die Geliebte und was sie bedeutet nur für den Liebenden gibt, den Feind nur für den, der ihn als Feind fürchtet, den Freund nur für den, der ihn als den ihn Verstehenden fühlt, und so wie der Heilbringer nur für den Heilsuchenden da ist, so auch gibt es Zen nur als lebendige Antwort auf eine von Leid und Sehnsucht erfüllte eigene existentielle Wirklichkeit. Nimmt man die Äußerungen des Zen objektiv, wertet sie logisch, ethisch oder ästhetisch, so nimmt man das in ihnen Geäußerte überhaupt nicht wahr oder mißversteht es völlig und empfindet es nur als dunkel oder abstrus. Doch immer droht ja, wo ein Unfaßbares in ein Bild oder in einen abstrakten Begriff gefaßt wird, seine aufregend existentielle

Bedeutung im beruhigenden Gefüge einer gegenständlichen Ordnung unterzugehen.

Es grenzt oft an das Groteske, mit welcher Naivität sich der von seiner Rationalität gefangene Mensch des Westens beurteilend und wertend dem Wesen und dem Wahrheitsgehalt von Religionen — seine eigene nicht ausgeschlossen — in einer Einstellung nähert, in der der existentielle Sinn der Religion verschwindet und nur die sichtbaren Hüllen, die Bilder und Formen, Formeln und Begriffe übrigbleiben, die — häufig verhärtete Interpretationen ursprünglicher Erfahrungen — nunmehr, ihrer lebendigen Quelle entfernt, irreführend und tot sind. Lebendige Religion, und nur als lebendige ist Religion wirklich, ist immer Antwort auf die existentielle Not und Sehnsucht des Menschen. Außerhalb derselben gibt es keine Religion und kein Verständnis für Religion. Aber sind heute nicht die Hüter der Religion, die Vertreter der Kirchen oft selbst in hohem Ausmaß der existentiellen Wurzel der von ihnen vertretenen »Lehre« entfremdet? Wie könnten sie sonst den Versuch der Rückbindung der in Kult, Dogma und theologischen Begriffen eingefangenen Offenbarung in die existentielle Voraussetzung des Glaubens, die Tiefe personalen Erfahrens und Geschehens, als eine gefährliche Psychologisierung des objektiven Gehaltes betrachten — so als habe der übermenschliche und überweltliche Gehalt der Religion des Menschen keinen Ansatzpunkt und keine Voraussetzung im Menschen selbst.

Religion wird immer in dem Maße als bewegende Kraft in den Herzen verblassen, als sie aus dem von Leid und Sehnsucht bestimmten Raum des personalen und existentiellen Lebens herausgerät; denn in ihm allein hat sie Sinn, Geltung und Leben. Wo der Mensch nicht mehr mit dem Herzen auf die Verkündigung anspricht, wird sie zu einer Lehre, deren Gehalt man mit einem Salto mortale des Geistes glauben muß, oder zu einer Weltanschauung, deren Kohärenz und Gültigkeit den Prinzipien des Verstandes »unterliegt«. Wie wäre es anders möglich, daß in unserer Zeit Millionen von Menschen ihren sogenannen Glauben verloren, weil ihnen Dinge widerfuhren und in der Welt Dinge geschahen, die sie mit dem rational-ethischen Gebäude ihrer Vorstellung von der göttlichen Ordnung und der Gerechtigkeit Gottes nicht mehr in Einklang zu bringen vermochten.

Die Irreführung der Geister auf dem Feld des Glaubens

legitimiert sich meist damit, daß man glaubt, einen objektiven, allgemein verbindlichen, von allem menschlichen Erleben unabhängigen Gehalt der Religion gegen das »nur-subjektive« Erleben des einzelnen schützen zu müssen. Dies geht aber meist in dreifacher Hinsicht an der Sache vorbei.

1. Die für die Welt der begrifflich faßbaren Tatsachen so notwendige Unterscheidung von »objektiv« (begrifflich fixierbar) und »subjektiv« (von persönlichen Gefühlen und Wünschen gefärbt) wird auf ein Gebiet übertragen, in dem es sich gar nicht um objektive Tatsachen etwa im Sinne der Naturwissenschaft handelt, sondern ausschließlich um Wirklichkeiten, die für den Menschen überhaupt nur in dem Maße da sind und ihm aufgehen, als er ihnen persönlich begegnet und sich aus seinem Gemüt heraus auf sie und in sie einläßt.

2. Wo religiöse Erfahrung grundsätzlich als etwas nur Subjektives abgewertet wird, wird darüber hinweggegangen, daß man innerhalb des religiösen wie alles persönlichen Erlebens grundsätzlich zwei Ebenen unterscheiden muß, die des bedingten und immer nur individuellen Erlebens des raumzeitlich beschränkten Ichs und die jener personellen Erfahrungen, die aus dem eigentlichen Kern des Menschen, seinem überraum-zeitlichen Wesen, herrühren. Diese Erfahrungen sind nicht oder doch nur in den sie artikulierenden Bildern und Interpretationen psychologisch bedingt und in diesem Sinne »nur-subjektiv«. In ihrem Kerngehalt zeugen sie vom überweltlichen Wesen des Menschen, der als personales Subjekt eben dadurch bestimmt ist, daß sein transzendenter Kern durch die Hülle der raumzeitlich bedingten Form hindurchtönt. Wo das Wesen, das heißt die Weise, in der das überweltliche, göttliche Sein in ihm anwesend ist, aus seiner Tiefe heraus spricht, hat das Gesagte zeitlose Gültigkeit. Wie wäre es sonst zu verstehen, daß die Zeugnisse der Weisen und großen Mystiker, angefangen von Laotse, heute wie zu allen Zeiten jeden, der zu diesen Erfahrungen herangereift ist, so unmittelbar durch ihren zeitlosen Wahrheitsgehalt berühren?

3. Ein dritter Widerstand gegen das Ernstnehmen, ja schon gegen das Zulassen existentieller Erfahrungen, die den Anspruch erheben, von einer übernatürlichen, transzendenten Wirklichkeit zu zeugen, rührt im Rahmen des Christentums daher, daß die Theologie die Begriffe »übernatürlich« und »Transzendenz« bisher auf eine nur vom Menschen getrennte Wirklichkeit Gottes bezog und also für die Kennzeichnung

auch der tiefsten menschlichen Erfahrungen ausschloß; denn immer sei das Menschliche als das »Intrapsychische« vom Transzendenten durch eine tiefe Kluft getrennt. Ohne sich hier auf Auseinandersetzungen mit der Theologie einzulassen, muß demgegenüber gesagt werden, daß innerhalb des menschlichen E r l e b e n s über jeden Zweifel hinaus etwas erfahren werden kann, das alle Grenzen der natürlichen und sich im Begreifen bewährenden Vernunft überschreitet. Sowohl im Hinblick auf seine zu »schmeckende« Qualität wie im Hinblick auf die ihm entsteigende unbegreifliche Fülle an Kraft ist das mit diesem »Etwas« Erfahrene so radikal auch von Superlativen gewöhnlicher Erfahrung unterschieden, daß, wenn man diese psychisch, natürlich, menschlich und weltlich nennt, jene eben als metapsychisch, übernatürlich, überweltlich und transzendent gekennzeichnet werden muß. Ob man diese Erfahrungen als zum vortheologischen Raum natürlicher Frömmigkeit gehörig von der in der theologisch gefaßten Wahrheit als der höheren absetzen soll oder aber umgekehrt der Meinung ist, daß jegliche Theologie, die, eben als »Logie«, an der Dualität festhält, immer wieder von der Wirklichkeit, die die mystische Erfahrung aufschließt, überrundet wird, ist eine Frage, die wir offen lassen wollen. Eines steht aber fest: Dem transzendenten Wahrheitsgehalt des Zen können wir nur in dem Maße begegnen, als wir ihm aus unserem Erleben, das heißt, aus unserer Not heraus aufgeschlossen sind und als eine Notwende empfinden können. Oder aber als Erfüllung einer inneren Verheißung. So also müssen wir, wenn Zen für uns fruchtbar werden soll, fragen: »Was ist die Not und die Sehnsucht des westlichen Menschen heute, auf die Zen antwortet?«

Not und Notwende
des westlichen Menschen

Die große Antriebsfeder, die den Menschen niemals zur Ruhe kommen läßt, ewig in Atem hält und vorantreibt, ist das Leiden. »Merket wohl, alle nachdenklichen Gemüter, das schnellste Roß, das Euch zur Vollkommenheit trägt, ist Leiden.« (Meister Eckehart)

Ist das Leiden die Wurzel allen Suchens, so ist die Erlösung vom Leiden das Ziel. Die Voraussetzung, es zu erreichen: die Erkenntnis der Ursache des Leidens und des Weges, der sie beseitigt.

Dreifach ist die Wurzel des Leidens: die immer drohende Vernichtung, die beängstigende Ungesichertheit und Vergänglichkeit dieses Lebens; sie zu beheben, sucht der Mensch nach dem, was dauert, nach Sicherheit und bleibendem Halt. Die Verzweiflung an der Sinnlosigkeit des Lebens; sie zu beheben, sucht der Mensch bleibenden Sinn. Die trostlose Ungeborenheit des Lebens; sie zu beheben, sucht der Mensch bleibende Bergung. Er sucht Halt, Sinn und Geborgenheit aus seiner eigenen Kraft in der Welt. Dabei kommt er dann an eine Grenze, scheitert und sucht seinen Frieden in der Stille göttlichen Seins, das seine Angst, Verzweiflung und Traurigkeit von woandersher aufhebt.

Doch wie könnte der Mensch an der Vergänglichkeit, Sinnwidrigkeit und Verlassenheit in der Welt leiden und sein Heil in einem anderen suchen, wenn ihm nicht verheißungsvoll und erlebbar ein Unvergängliches, Sinngebendes und Bergendes innewohnte, das alle Ungesichertheit, Sinnwidrigkeit und Ungeborgenheit der Welt aufhebt, also nicht von dieser Welt ist? Der Mensch ist nicht nur das weltbezogene und weltabhängige Ich, sondern zugleich und tiefer das Wesen, in dem er teil hat am Sein, das in ihm und durch ihn offenbar werden will in der Welt. Und darum auch ist es nicht nur das Leiden und die Sehnsucht nach Erlösung vom Leiden unter der ihn bedrohenden Welt, das ihn beschwert. Dazu kommt das Leiden unter dem Verlust seines Wesens, d. h. der Fühlung und Einheit mit seinem Wesen. Aber es sind nicht nur diese Leiden, die den Menschen vorantreiben in den göttlichen Hafen, in den sein irregelaufenes Weltschiff heimkehren kann und der ihn mit seiner Angst, Verzweiflung und Traurigkeit endgültig aufnimmt. Viel tiefer noch als das Leiden, das im Menschen nach Aufhebung ruft, wirkt in uns das uns zuinnerst beseelende göttliche Leben, das als Fülle, Gestalt und Einheit in uns und durch uns manifest werden will in nie endender Verwandlung und Schöpfung. Aus ihm entspringt jene ganz andere Kraft, die den Menschen vorantreibt: die Kraft aus der seinem Wesen innewohnenden Verheißung und der aus ihr entspringenden Sehnsucht nach letzter Erfüllung.

Ist Verheißung die Wurzel aller Bewegung, so ist nicht Erlösung, sondern Erfüllung das Ziel, Erfüllung in der Fülle der Kraft, in vollendeter Gestalt und beglückender Einheit; nicht die Erlösung von leidvollem Leben, sondern Erweckung zu neuem Leben, nicht das Eingehen des Daseins in die Unbewegtheit des Seins, sondern das schöpferische Aufgehen des Seins in der Fülle der Gestalten und Ordnung dieses Daseins! Dies ist freilich nicht östlich gedacht, sondern westlich, nicht buddhistisch, sondern christlich. Aber der Weg dahin führt über eine gemeinsame Schwelle: die Große Erfahrung.

Dreifach ist die Quelle des Glückes: funkelnde Fülle, vollkommene Gestalt und bergende Einheit. Der Mensch sucht sie erst mit eigener Kraft durch Macht, Ordnung und Gemeinschaft in der Welt, scheitert, sucht und findet sie nur in der Verwandlung und Selbstverwirklichung aus dem Sein, das, wenn er es wirklich erfährt, ihn zu neuem Leben entbindet.

Wie aber könnte der Mensch die Fülle, den Sinn und die Geborgenheit in einem in seinem Wesen anwesenden Sein auch nur ahnen, wenn dieses sich nicht von dem leidvollen Ich-Weltgefüge abhöbe, in dem er vorerst verstrickt ist?

Und so sind auch für den Menschen unserer Zeit, der unter dem Ungenügen seines Daseins leidet, zwei Ursachen da, die sein Suchen vorantreiben: bedrückende Not im Bedingten, wo er sie nicht mehr mit seiner Macht aushält, und ein verborgenes Unbedingtes, das ihm als Verheißung innewohnt.

Der Weg aber führt von der Not an dem alten Ich zur Erfahrung des Wesens und von der Erfahrung des Wesens zur Verwirklichung in einem neuen Ich, führte über das Eingehen des alten Ichs zur Geburt eines neuen Ichs aus dem Wesen, d. h. zum wahren Selbst.

Zen weiß um das erlösende Sein und das aus ihm aufbrechende Leben, weiß um das Wesen im Menschen, in dem das Sein in ihm »anwest« als Raum der Erlösung und als Wurzel und Möglichkeit eines verwandelnden Lebens. Zen weiß um die Wand, die uns vom Sein trennt, und weiß um den Weg, sie niederzulegen. Aber Zen verstehen wir nur, soweit wir das, was er in seiner Weise ausdrückt, in uns selber vernehmen. So müssen wir, um empfangen zu können, womit Zen uns beschenkt, uns erst fragen: Was ist denn die Not, die menschliche Not, in der wir uns heute befinden? Und was sind die Zeichen, in denen das Notwendende sich verheißungsvoll anzeigt?

DER MENSCH IM BANN
DES GEGENSTÄNDLICHEN BEWUSSTSEINS

Die Not des westlichen Menschen tritt dann ein, wenn eine bestimmte Form des Bewußtseins, deren Entwicklung zur Menschwerdung gehört, sich mit all ihren Folgen einspielt, verfestigt und zur alleinherrschenden wird. Diese Form ist die des gegenständlichen Bewußtseins. Auf seiner Stufe nimmt der Mensch Wirklichkeit als eine »objektive«, d. h. unabhängig von ihm bestehende Realität wahr und ist in all seinem Tun und Lassen am »Objektiven« orientiert. Der Lebensanspruch, den er als Subjekt hat, muß als das »Nur-Subjektive«, wo es um Erkennen, Meistern oder Gestalten dieser Welt geht, schweigen. Aber menschliches Leben vollzieht sich eben nicht allein als Bewährung oder Versagen gegenüber der »objektiv« gedachten Welt. Ja, menschliches Leben ist primär Selbsterfahrung, Selbstverwandlung und Selbstverwirklichung oder Selbstverfehlung des personalen Subjekts, dessen Glück und dessen Leiden ihm anzeigt, ob und wie sein Leben der ihm vom Wesen her innewohnenden Möglichkeit und Verheißung entspricht oder nicht. Wo und wie sollte das Wesen im Menschen, sein ureigener Kern, denn Wirklichkeit gewinnen, wenn nicht im Menschen als einem personalen S u b j e k t und seinem Erleben? Wo aber nicht nur der Anspruch des kleinen Ichs, sondern auch der des Wesens vor dem Anspruch einer objektivierten Welt zu schweigen hat und der Mensch sein Sein als Subjekt vor dem Anspruch eines nur in objektiven Ordnungen zu erkennenden und zu erfüllenden Lebens verneint und verdrängt, verfehlt er am Ende sich selbst und kommt in sein spezifisch menschliches Leiden. Man kann den Sinn des Buddhismus, ja aller östlichen Weisheit, nun solange überhaupt nicht verstehen, als man dies Leiden nicht versteht und die Gefahr nicht erkennt, die den Menschen aus einer Vorherrschaft und Verfestigung des alles objektivierenden Bewußtseins bedroht. Die Erlösungslehre des Buddhismus, auch des Zen, kennt diese allgemein menschliche Gefahr und den Weg zur Befreiung des Menschen aus dem Bann der ihr entspringenden Not.

Weil der abendländische Geist so viel mehr als der östliche Geist vom gegenständlichen Bewußtsein und seinen Ordnungen und Werten beherrscht ist, erscheinen dem westlichen Menschen die Zeugnisse spezifisch östlichen Geistes oft unklar und fremd. Wo immer aber der westliche Mensch aus seinem Wesen heraus das Ungenügen seiner geistigen Orientierung verspürt und darunter zu leiden beginnt, ziehen ihn die Zeugnisse des östlichen Geistes verheißungsvoll an.

Die im Zen enthaltene universelle Wahrheit ist dem im christlichen Glauben stehenden Abendländer grundsätzlich nicht weniger zugänglich als dem östlichen Menschen. Aber wirklich aufgeschlossen werden wir ihr nur in dem Maße, als wir selbst die Not und die Gefahr empfinden, um deren Behebung es im Zen geht. Die Fruchtbarkeit einer Begegnung mit Zen hat also die Einsicht sowohl in das Wesen des gegenständlichen Geistes als auch in die Gefahr und Not zur Voraussetzung, die sich mit ihm entwickelt.

Wer als Europäer vor die Frage nach dem »Wesen unserer Wirklichkeit« gestellt wird, beantwortet sie ohne Bedenken aus derjenigen Form seines Subjektseins heraus, die ihre Wurzel im gegenständlich fixierenden Ich hat, und mit Begriffen, die der durch die Kategorien von »Raum und Zeit« (Kant) bestimmten Bewußtseinsordnung zugehören, die gleichfalls ihre Wurzel im Ich hat. Dies ist zwar für uns, aber keineswegs allgemein selbstverständlich. Ein gebildeter Mensch des Ostens, mag er eben noch, etwa als Naturwissenschaftler, von diesem Ich her gedacht und »Wirklichkeit« anvisiert haben, wird sich, auf die Frage nach dem W e s e n der Wirklichkeit angesprochen, zunächst einmal »zurücknehmen«

und sich dann mit derjenigen Form seines Subjektseins in Einklang zu setzen versuchen, die ihre Wurzeln nicht im Ich, sondern im Tao oder in der Buddha-Natur, d. h. im »Wesen« hat. Und wie wird er antworten? Er wird vielleicht nur lächelnd schweigen, vielleicht auch mit einigen symbolischen Bildern oder uns unverständlichen Paradoxen antworten. Zu unserer Verwunderung aber wird er, zum Reden gezwungen, seine Aussagen mit der Feststellung beginnen, daß die Wirklichkeit, die sich dem begreifenden Ich präsentiert, als solche eine Wahnwirklichkeit ist, die das begrifflich nie faßbare eigentliche »Wesen« aller Wirklichkeit verbirgt. Wir Europäer dagegen identifizieren uns ganz selbstverständlich und unkritisch mit dem Ich unseres gewöhnlichen Bewußtseins und merken gar nicht mehr, daß das uns in ihm eingefleischte Wirklichkeitsschema nur eine sehr begrenzte »Sicht« darstellt, die die Seinswirklichkeit als solche verfehlt und von ihr »transzendiert« wird. Hier muß die erkenntnistheoretische Besinnung einsetzen und Klarheit über die Natur des gegenständlichen Bewußtseins schaffen.

Wesen und Gefahr des gegenständlichen Bewußtseins

Die gegenständliche Sicht des Lebens gründet im »I c h«, aus dem heraus der Mensch sein »I c h b i n I c h« sagt. Somit ist der Nerv des gegenständlichen Bewußtseins und die Wurzel der aus ihm wachsenden Wirklichkeitssicht das P r i n z i p d e r I d e n t i t ä t. Der Mensch nimmt sich als ein mit sich selbst Identisches wahr, als etwas, das im Fluß des Geschehens feststeht. Aus diesem in sich selbst feststehenden Ich heraus »sieht« der Mensch, indem er feststellt. Der Bewußtseinsblick des Ichs fixiert. Er fragt: »Was ist das?« Und er antwortet, feststellend: »Das ist das.« So gerinnt im Fragen und Antworten dieses Ichs das Leben zu feststehenden und festzuhaltenden T a t s a c h e n. Vom I c h - S t a n d her und auf diesen bezogen, wird alles Erlebte zum G e g e n -Stand, die Welt dieses Ichs also zu einer grundsätzlich feststellbaren oder bereits gegenständlich festgestellten und verstandenen Welt. Alles, was ist, hat dann Wirklichkeit nur, sofern es im Gefüge dieser gegenständlichen Wirklichkeit feststeht. Festgehalten und festgestellt wird das gegenständlich Fixierte im B e g r i f f. Wirklichkeit ist demnach nur, was sich in die Ordnung des begrifflich Festgestellten oder Feststellbaren einordnen läßt. Was sich dieser Ordnung entzieht, hat noch keine Wirklichkeit oder keine Wirklichkeit mehr — ist nur »subjektiv«, lediglich Inhalt von Vorstellungen, Phantasie, Glauben, Gefühl, Wünschen etc.

Die Identifikation des Menschen mit seinem fixierenden Ich und seine Verankerung in den Ordnungen des in ihm gründenden gegenständlichen Bewußtseins hat zwei Folgen: eine ganz bestimmte S i c h t , eine »Theorie« über das, was als »wirklich« anzusehen und anzunehmen ist, und eine bestimmte pragmatische Weltauffassung, die anzeigt, was für den Menschen Bedeutung hat und was nicht. So wie für den Menschen hier in der Anschauung der Welt nur Wirklichkeit hat, was »draußen« für ihn f e s t s t e h t , so hat er selbst auch nur gültige Wirklichkeit als einer, der feststeht und sich in seiner P o s i t i o n b e h a u p t e t . Alles, was in der Welt ist, gewinnt von daher seinen positiven oder negativen Sinn.

Gegenständlichkeit im theoretischen Sinn bedeutet nicht materielle Dinghaftigkeit, sondern eine Weise, in der etwas bewußt wird oder gefestigt bewußt ist. Sie entspricht einer bestimmten Bewußtseinsform. In ihr herrscht das Ich, das fixiert und von seinem Ich-Stand den Gegen-Stand, den es vor-stellt (vor sich hin stellt), nur in dieser ihm gegenüberstehenden Weise bewußt »hat«. Zu dieser Bewußtseinsform gehört somit also auch der G e g e n - S a t z . Indem das Ich sich als ein mit sich selbst Identisches fest-setzt, setzt es zugleich alles andere sich gegensätzlich gegenüber. Das ist die für das gegenständliche Bewußtsein charakteristische S u b j e k t - O b j e k t - S p a l t u n g . Und für das Ich, das alles, was es fixiert und als etwas Bestimmtes feststellt, zugleich von anderem unterscheidet (als ein »dies«, das nicht »das« ist), ist die ganze von ihm wahrgenommene Wirklichkeit eine nicht nur gegenständlich, sondern auch gegen s ä t z l i c h geordnete Wirklichkeit. Gegensätzlichkeit ist ebenso wie Gegenständlichkeit eine Grundkategorie der Wirklichkeit, die im fixierenden Ich gründet. Das gegenständlich wahr-nehmende und in Gegensätzen (»Dualismen«) sich bewegende Bewußtsein, ebenso wie seine Wirklichkeit, steht und fällt mit dem festen Ich-Stand. Nur mit Bezug auf das feststehende Ich-Zentrum des Bewußtseins und das von ihm Festgestellte gibt es ein Hier und ein Dort, ein Vorher und Nachher, ein Oben und Unten. So sind Raum und Zeit Ordnungsformen jener natürlichen

Weltsicht des Menschen, die ihre Wurzeln in dem sich und seine Welt feststellenden Ich hat, und gehören ausschließlich der Weise an, in der das Leben mit Bezug auf dieses Ich bewußt wird. Was ist, wenn dieses Ich verschwindet?

Der mit seinem Ich identifizierte Mensch sieht ganz selbstverständlich in der ihm in dieser Weise präsentierten Wirklichkeit die Wirklichkeit schlechthin. So spricht er allem, was sich noch nicht oder überhaupt nicht in diese Wirklichkeit einordnen läßt, die Wirklichkeit ab. Was immer ihn außerhalb des gegenständlich Feststellbaren bewegt, z. B. im Gefühl oder im Glauben oder in einem unsagbaren, weil nur persönlichen Erleben, hat, solange es nicht gegenständlich fixiert und eingeordnet werden kann, keinen Anspruch auf Anerkennung. Es gehört gewissermaßen nur zu einer Vorform des zum Erfassen »der« Wirklichkeit allein befähigten und zuständigen Bewußtseins. Ebenso ist für ihn das in der Form dieses Bewußtseins erkennende Ich das einzig zuständige Erkenntnissubjekt. Was sich grundsätzlich ihm entzieht, ist auch grundsätzlich »nichts«, und wenn in einem Menschen dieses Ich etwa ausgelöscht würde, wäre, so meint er, auch alle Wirklichkeit dahin und er selbst überhaupt nicht mehr da. In dieser Sicht des Lebens gibt es aus der Not, die mit der Befangenheit im gegenständlichen Bewußtsein zusammenhängt, kein Entrinnen. So denkt der Mensch, dessen Subjektsein mit diesem Ichsein zusammenfällt. Aber dieses Denken ist irrig. Das Befangensein in diesem Irrtum ist allgemein menschlich. Aber das Hängenbleiben und die Verhärtung auch des gebildeten Menschen in ihm ist »wesentlich« und vertieft die geistige Not des Westens. Die Erkenntnis dieses Irrtums ist ein Kernstück aller östlichen Weisheit; seine Aufhebung und die Lehre vom W e g , der aus dieser Not herausführt, das universal bedeutsame Anliegen des Z e n .

Sagt der Mensch des Westens: Ist dieses Ich nicht mehr da, dann ist für den Menschen überhaupt keine ernst zu nehmende Wirklichkeit mehr, so sagt der Osten: Erst mit dem Eingehen dieses Ichs und der ihm zugeordneten Wirklichkeit wird das wahre »Wesen« frei und tut sich die eigentliche Wirklichkeit auf, und aus ihr heraus wird das eigentliche, das größere und wahre Ich erst möglich.

So lehrt uns Zen: Wo der Mensch sein gewöhnliches Ich »fallen« läßt — und das kann er —, ist keineswegs »nichts« mehr da, sondern das ganze Leben ist in anderer Weise, d. h.

erst eigentlich da. Der Mensch ist dann zu einem Subjekt geworden, das das Leben nicht mehr nur als eine Vielheit fixierter Objekte wahrnimmt, sondern zu einem Subjekt, in dem das Leben in seiner Übergegenständlichkeit und Übergegensätzlichkeit »inständlich« bewußt wird. Diese neue Sicht setzt eine Erweiterung des Bewußtseins voraus, einen qualitativen Sprung, der auf einer bestimmten Stufe der Entwicklung notwendig wird, den Sprung vom kleinen Leben ins große LEBEN. Vom Bedingten ins Unbedingte, vom natürlichen Menschen zum initiatischen Menschen, d. h. dem Menschen, dessen Lebenswurzel das »Initiare« ist. Initiare bedeutet: das Tor zum Geheimen öffnen. Was ist das Geheime? Das uns innewohnende und zunächst vom natürlichen Welt-Ich verborgene »Wesen« als der Weise, in der das überweltliche Sein uns innewohnt. Um den Sprung in dieses Sein geht es im Zen.

Der Augenblick zu diesem Sprung ist gekommen, wenn das ursprüngliche Innesein des Seins, das den Menschen ohne sein Zutun trägt und birgt, durch die Alleinherrschaft des gegenständlichen Bewußtseins völlig verdunkelt ist. Das aber ist die Lage vieler Menschen unserer Zeit. Doch hier liegt das große Ärgernis, der Stein, über den der abendländische Mensch stolpert, die Forderung, vor der er zurückschreckt: daß er, um sein wahres Wesen zu befreien, diejenige Sicht in Frage stellen muß, die nicht nur sein natürliches Weltbewußtsein trägt, sondern ihn auch zu seinen spezifisch westlichen Leistungen, den großartigen Leistungen seiner Wissenschaft und Technik, befähigt hat. Wie kann er aus dieser Sackgasse herausfinden?

Einst mußte der mittelalterliche Mensch die Nebel durchstoßen, zu denen sich für den nachwachsenden Geist die geheiligte Ordnung der Bilder verdichtet hatte, in denen sein vorrationaler Geist die Wirklichkeit geschaut hatte. Mit dem Durchbruch ins Offene wurde der neue Mensch geboren, der Mensch, der sich auf sich selbst stellt und sich unbefangen der Natur gegenübersetzt, sie mit Abstand beobachtet und im Gefüge rationaler Begriffe objektiv erkennt und schließlich meistert. Heute muß der Mensch sich nun wieder aus dem Nebel eines Gewordenen befreien und mit einem kühnen Vorstoß ins Offene ein neues Zeitalter eröffnen. Heute ist der Nebel, der die Sicht in das dem weiterwachsenden Geist aufgegebene Neuland verlegt, die einseitig gewordene Verbreitung, Verdichtung und Verhärtung der Kräfte, die das vorangegangene

Zeitalter heraufführten und ihm seine Größe verliehen; dieses Mal ist es die Vorherrschaft der Kräfte des Rationalen. Die bis in die tiefsten Geheimnisse der Natur vordringenden Erkenntnisse der Naturwissenschaft, die im wahren Sinne des Wortes himmelstürmenden Leistungen der Technik, die alles durchdringende Fähigkeit zur Organisation und alles das, worauf der westliche Mensch mit Recht stolz ist, hat die Bewußtseinsform, die all dem zugrunde liegt, die rationale, in einem Ausmaße zur einzig gültigen werden lassen, daß alles, was ihrer Sicht nicht zugänglich ist, fragwürdig wird. Und nun bricht das Neue, Zukunftweisende, aus den Tiefen der rational nicht faßbaren Seite des menschlichen Lebens hervor. Der Zeichen, durch die das Neue sich ankündigt, sind mehr, als wir ahnen. Mehr Menschen, als wir wissen, machen heute Erfahrungen, in denen das Wesen selbst zu ihnen sprach, Erfahrungen, die sie erschütterten und beglückten, weil sie schlagartig eine andere Wirklichkeit als erlösende Kraft, Verheißung und Auftrag spüren durften als die, von der sie bislang wußten. Hier geht es nicht in erster Linie um Erkenntnis und Meisterung der gegenständlich faßbaren Welt, sondern um Wahr-nehmung des dem Menschen wie auch aller Welt innewohnenden überweltlichen *Wesens*, dessen Innewerden dem menschlichen Leben eine neue Dimension und einen völlig neuen Horizont eröffnet. Aber wer lehrt uns Abendländer beizeiten, die Erfahrungen, in denen dies·Wesen anspricht, ernst zu nehmen? Hier wiederum liegt die Bedeutung des Zen. All seine Äußerungen atmen die Luft dieser anderen, größeren Wirklichkeit, die uns aufgehen kann, wenn wir von der Herrschaft des gegenständlichen Bewußtseins befreit sind. Alle Bemühungen des Zen drehen sich um das Ernstnehmen dieser Erfahrungen. Diese Erfahrungen sind nie das Ergebnis theoretischer Spekulationen, sondern brechen unerwartet aus dem Dunkel einer existentiellen Not oder der Dämmerung einer existentiellen Verheißung an der Grenze des noch rational Faßbaren auf. Alle praktischen Übungen, die Zen uns lehrt, dienen der Vorbereitung des Menschen zu solchen, die alten Grenzen überschreitenden Erfahrungen und zu einer vom Geist dieser Erfahrungen bestimmten Entwicklung. Ihre Bedeutung wird erst deutlich, wenn man die Folgen erkennt, die die Verhärtung der gegenständlichen Wirklichkeitssicht für das praktische Existieren des Menschen unserer Tage gebracht hat.

Ursprung, Sinn und Ziel der praktischen Lebenseinstellung des Menschen, dessen theoretische Sicht vom gegenständlichen Bewußtsein beherrscht wird, ist vor allem der Wille zur Selbstbehauptung und in ihrem Dienste der Wille zu Besitz, Geltung und Macht. Es ist von grundsätzlicher Bedeutung, nicht nur für das Verständnis des Zen, zu erkennen, daß dieser praktische Wille zur Selbstbehauptung und die theoretische Sicht des gegenständlichen Bewußtseins auf die gleiche Wurzel zurückgehen: auf das immer um sein Feststehen und auf die Wahrung seiner Stellung gerichtete Ich.

Der mit diesem Ich identifizierte Mensch sieht und nimmt nicht nur, was um ihn ist, als ein Gefüge von Tatsachen, das ihm als feststehende Ordnung Halt gibt und bleibende Orientierung ermöglicht, sondern er betrachtet sich selbst auch als die selbstverständliche Mitte seiner praktischen Existenz, d. h. als das Ich, das den Anspruch hat, festzustehen und nicht umgeworfen zu werden.

Der mit diesem Ich identifizierte Mensch sagt nicht nur: »Ich bin ich«, sondern auch: »Ich will es bleiben«. Und diesem Ich gegenüber steht das andere gegensätzlich gegenüber als etwas, das ihn in diesem Bleibewillen bejaht oder verneint, mit ihm eins zu werden bereit ist oder von ihm entzweit bleibt. Und ganz gleich, welche Bereicherung oder Differenzierung der Mensch in seiner Entwicklung zur Persönlichkeit gewinnt, die Grundvoraussetzung für jedes Ja, wozu es auch sei, ist, daß es ihn in seinem Willen zu dauern nicht stört.

Der große Schatten für das Ich ist der ewige Wechsel der Umstände, die Vergänglichkeit, von der alles beherrscht scheint, und schließlich der Tod. Die Grundnöte des Daseins: die immer drohende Vernichtung, die Sinnwidrigkeit und die Ungeborgenheit weisen im Grunde alle auf dasselbe, auf den Willen des Menschen, sich unter gesicherten Umständen in einem bleibenden Sinngefüge und in ungefährdeter Gemeinschaft zu erhalten. Zufriedenstellend ist nur eine Existenz, in der nichts mehr den Menschen bedroht. Sinnvoll erscheint sie nur in dem Maße, als sie in gesicherten Sinn- und Wertordnungen abläuft. Alles dreht sich darum, daß der Mensch etwas Festes hat. Und was er hat, das muß er sich erhalten. So klebt er an der einmal gewonnenen Position, widersetzt sich jedem Wandel einer einmal gewonnenen Form, haftet an dem, was er besitzt, verteidigt, auch im Raum theoretischen Erkennens und Wissens, jeden einmal gewonnenen Standpunkt, hängt in einem Netz feststehender Vorstellungen und träumt von der Betonvilla des Lebens, darin er im wohlbehüteten Wirkungs-feld einer ihn anerkennenden Gemeinschaft gesichert leben und ungestört sich selbst und das, was ihn zu fördern ver-mag, genießen kann. Auch wo er dient und sein nur egoisti-sches Ich für eine Sache, ein Werk oder eine Gemeinschaft auf-gibt, geschieht doch alles unter der Voraussetzung, daß es um eines Überdauernden willen geschieht, sei es ein Werk, eine Gemeinschaft oder auch nur eine geltende Wertordnung. Das gegenständliche Bewußtsein ist nicht nur die Voraussetzung nackter Selbstbehauptung, sondern auch eines jeden ichlosen, einem »Objektiven« geltenden Dienstes. So steht alles Haben, Wissen und Können im Zeichen der Vorstellung eines Lebens, das in seinem physischen Dasein, seinem geistigen Sinn und seiner seelischen Geborgenheit unangefochten ist und in des-sen Mittelpunkt der mit seinem Welt-Ich identifizierte Mensch bestehen kann.

So natürlich das alles ist, die Rechnung ist doch ohne den Wirt gemacht, denn das Leben ist anders. Der Wirt im Hause des Menschen ist niemals das um ein Feststehendes kreisende Ich, sondern ein Wesen, aus dem und durch das sich ein grö-ßeres Leben in einem ständigen Wandel aller Formen, auch der Ich-Form, bekunden will. Der Ich-Mensch träumt aber wie die Larve von einem Paradies, in dem es nicht nur nichts gibt, das sie von außen zertritt, sondern in dem auch kein Schmet-terling ist, der doch ihr verborgener Sinn ist und sie eines Ta-ges zersprengt. Aber diesem Drang aus dem Wesen, das nur in steter Verwandlung Gestalt werden kann, steht das Welt-Ich und sein Bleibe-Wille in dem Maße im Wege, als es um Feststehendes kreist, und sei dies auch die in seiner Gemein-schaft gültige, das Wohlverhalten bestimmende Wertord-nung! Und das begründet eine spezifisch menschliche Not. Und diese Not wird um so größer, als der Mensch schließlich selbst das Opfer einer Welt wird, die er sich als Ausdruck seines Willens erschuf: die rational geordnete, ethisch be-stimmte und technisch gemeisterte Welt, in der wir heute le-ben und innerlich an eine Grenze gelangt sind und in der Ge-fahr, von ihr zermalmt zu werden.

Dreifach ist der Impuls aus dem Sein, der alles, was lebt, stets bewegt: Alles, was lebt, will leben. Alles, was lebt, will nicht nur überhaupt leben, sondern sich als das Besondere, das es ist, verwirklichen in seiner Gestalt. Und alles, was lebt, sucht sich zu erfüllen in übergreifender Ganzheit. In diesem dreifachen Drang alles Lebens spüren wir die lebendige Fülle des Seins, die alles hervorbringt, trägt und erneuert, schauen die die Mannigfaltigkeit alles Seienden durchwaltende Gesetzlichkeit und Ordnung inbildlicher Gestalten und fühlen die Einheit des Seins, kraft derer alles im Grunde eins ist und, wie es aus dieser Einheit hervorging, auch immer in sie zurückdrängt.

Gewinnt das Sein im Menschen Bewußtsein, so ist es so lange, als der Mensch noch in ihm wurzelt, gegenwärtig als ursprüngliche Kraft im Urvertrauen in das Leben, als selbstverständliche Bezeugung des individuellen Wesens, im Urglauben an eine Ordnung, die ihm entspricht, als ursprüngliche Geborgenheit im Miteinander des Daseins und im Frieden des Herzens. In dem Maße, als der Mensch zum eigenständigen Ich wird und die Fühlung mit dem Sein verliert, verwandeln sich die unbewußt tragenden, sinngebenden und bergenden Kräfte des Seins in Ziele bewußten Wollens und Srebens: so 1. in den Willen zur Sicherheit im Dasein, darin der Mensch, nun abhängig von den Bedingungen der Welt, auf seine eigene Kraft, sein Wissen, Haben und Können baut, 2. in ein Streben nach Gestaltung und Ordnung, deren Sinn er überblickt und versteht, und 3. in den Wunsch nach einer menschlichen Gemeinschaft, die ihm Bergung gewährt. So wird die Urbeheimatung im Sein ersetzt durch ein selbsterbautes Weltgehäuse, das ihm Sicherheit gibt, in dessen Ordnungen er sich auskennt und rechtfertigt und das ihn beheimatet.

In dem Maße nun, als der Mensch nur noch in diesem Gehäuse lebt und nur noch, was sich in ihm einordnen läßt, ernst nimmt, läßt seine Fühlung mit dem Sein nach, und er verliert mehr und mehr sein Wesen aus dem Bewußtsein. Je mehr er mit den von ihm selbst geschaffenen Werken und Ordnungen verschmilzt, desto mehr wird er schließlich, ihnen dienend und in ihnen sich bergend, von ihnen verschlungen. Das ist heute die Lage, in der dem Menschen dreierlei widerfährt: Den von ihm selbst geschaffenen unpersönlichen Ordnungen verfallen, wird er selber versachlicht, muß sich als Individualität einklammern und darf sich nicht mehr in seiner transzendenten Tiefe ernst nehmen.

Für den Menschen, als das leidende und nach Glück und Sinn verlangende Subjekt, das die Verantwortung für sich selbst trägt und auf persönliche Freiheit angelegt ist, ist immer weniger Raum vorhanden; denn mit der fortschreitenden Entpersönlichung des Lebens wird der Mensch selbst immer mehr zu einer Sache, zu einem Stück Welt, zu einem Objekt. So wird er gesehen, und so wird er behandelt, und so muß er leben. Geht es darum, ihn zu erkennen, so verengt sich das Blickfeld auf das rational Fixier- und Begreifbare, so in der klassischen Medizin und Psychologie, auf das, was zum Gegenstand gemacht werden kann. In allen Bereichen seines Daseins, insbesondere seiner Arbeit, ist er dem Gefüge der organisierten Welt ausgeliefert, nur noch ein Rädchen im Getriebe eines allgewaltigen und alldurchdringenden Leistungs- und Organisationsmechanismus. Nur noch Träger rational faßbarer und rational bewertbarer Funktionen, kann er selbst nur noch »funktionieren« und ist zum Funktionär reduziert. Daß er keine Sache, sondern ein Subjekt ist mit einem persönlichen Leben, darin er leidet und nach persönlicher Erfüllung verlangt, ein individuelles Wesen mit dem Anspruch, auch in der Welt es selbst sein zu dürfen, das interessiert die objektiven Gebilde und ihre Funktionäre nicht oder doch höchstens soweit, als Unstimmigkeiten in der persönlichen Sphäre Störungen im sachlichen Getriebe zeitigen, dem er eingeordnet ist und in dem er sich als Leistungsträger zu bewähren hat.

Die Reduktion des Menschen zum Objekt rationaler Erkenntnis, zum Träger feststehender Ordnungen und zum Instrument objektiv bewertbarer Leistung bedeutet eine ungeheure Einschränkung seines Menschseins. Er muß, um sich in der Welt behaupten zu können, auf seine »Seele« verzichten, muß, um als auswechselbares Stück oder Instrument eingesetzt werden zu können, sich selber als Individualität einklammern. Dem Anspruch der organisierten Welt, in der alles stimmen, klappen und reibungslos laufen muß, muß er sich »anpassen«. Er kann sich aber innerlich nur anpassen, wenn Reibungslosigkeit der Existenz ihm zum selbstverständlichen Höchstwert wird. Wo aber Reibungslosigkeit an der Oberfläche des Daseins zum obersten Ziel wird, ist alle Schmerzscheu und Leidensfurcht legitimiert, und jedes Mittel wird recht, das unabdingbar in das menschliche Leben verwobene Leiden zu übertönen und zu verdrängen. So verfehlt der Mensch die Wahrheit des Lebens. Macht sich das In-der-Unwahrheit-Leben in Krankheit und inneren Leiden bemerkbar, so stützt ihn eine Zivilisation, die mehr und mehr einem Riesenunternehmen zur Schaffung von Mitteln gleicht, die den Menschen befähigen, schmerzlos in seinen Fehlhaltungen zu bleiben. Fern davon, seine Leiden als Zeichen einer Fehlentwicklung und Aufforderung zu einer Verwandlung zu nehmen, opfert er seine innere Freiheit zu existentiellen Entscheidungen dem Wahn eines harmonischen Lebens, das jeglicher transzendenten Tiefe ermangelt. Der der Welt voll angepaßte reibungslos dahinlebende Mensch bedarf Gottes nicht mehr, und schließlich fühlt er sich frei, weil er seine Unfreiheit nicht mehr spürt. Er weiß nichts mehr vom Wesensanspruch seiner Individualität, nichts mehr von seiner Verankerung im Sein. Da aber sein Wesen sein eigentlicher Kern als die Weise ist, in der das Sein durch ihn in der Welt offenbar werden will, und dieser Anspruch des Wesens ihn doch heimlich bedrängt, lebt er, solange er nicht aufbegehrt, im Zeichen der existentiellen Lüge. Wenn er dadurch in persönliche Not kommt, dann nutzt er, wenn er noch einen Rest seines Kinderglaubens besitzt, diesen dazu, Gott zu bitten, ihm die Kraft zu geben, weiter in der Lüge zu leben, und rechtfertigt mit »Demut« seine Flucht vor sich selbst.

Ausschaltung alles personalen, insbesondere allen existentiellen Anspruchs, Versachlichung, Verlust der Individualität und Verneinung des transzendenten Wesens bedeuten eine Bedrohung der existentiellen Ganzheit und Daseinsweise des Menschen. Sie ist die Folge der totalen Verweltlichung, der »Säkularisierung« des Daseins. Das überweltliche Sein, aus dem allein wir wahrhaft existieren können, zu dessen Manifestation wir bestimmt sind und von dessen verwandelndem, beglückendem und verpflichtendem Innesein alles Heil abhängt, ist aus dem Gesichtskreis des Menschen entschwunden — aber eben nur aus seinem Gesichtskreis . . .

Weil der Mensch im Grunde ein persönliches, individuelles und im Transzendenten verankertes Subjekt ist und bleibt, kommt unausweichlich der Tag, wo das Wesen, wenn es dauernd unterdrückt wird, sich meldet und rebelliert. In dem

Maß, als der Mensch zur Sache gemacht wird, wird eines Tages das Zulassen der persönlichen Sphäre als Lebensvoraussetzung und Notwendigkeit bewußt. Wo die Individualität des Menschen dauernd verneint wird, beginnt er erst richtig ihren legitimen Anspruch zu spüren. Er erkennt dann, in welchem Ausmaß nicht nur das Weibliche im Menschen durch die Rationalisierung des Lebens dem Männlichen geopfert wird und wieder zugelassen werden muß, sondern daß darüber hinaus die Individualität des Menschen einen unabdingbaren Anspruch auf Entfaltung besitzt. Wo er verdrängt wird, wird der Mensch krank. Angst, Schuld und Verlassenheitsgefühle quälen ihn, für die er keine sichtbare Ursache angeben kann. Die verdrängten Kräfte der Tiefe bekunden sich in unbewußten Aggressionen. Verdrängt, schlagen sie auf den Menschen in vielfältigen Formen der Selbstvernichtung und Selbstlähmung zurück. In den von so vielen Menschen heute erlebten existentiellen Angst bekundet sich die Atemnot des Wesens. In dem Maße, als der Mensch die transzendente Verankerung seines Menschseins aus seinem Bewußtsein verliert und ihr heimlicher, aber unwandelbarer Anspruch in den nun auch vergegenständlichten Formen des Glaubens keine Antwort mehr findet, wird er immer mehr das Opfer seiner heillosen Welt. Wenn dann alle Betäubung nicht hilft und die Flucht vor sich selbst scheitert, wird der Mensch schließlich gezwungen, endlich auf sein Innerstes zu horchen, innere Erfahrungen ernst zu nehmen, an denen er bislang vorüberging, und nach Wegen zu suchen, die ihm eine neue Religio ermöglichen. Diese Entwicklung, die den Menschen im tiefsten Sinn auf sich selbst zurückweist, ist heute mächtig in Gang gekommen. Sie wird heute dadurch beschleunigt, daß mit der Versachlichung und Organisierung der Welt auch der sakrale Kern der Gemeinschaften und Berufe schwindet, in denen der Mensch ursprünglich Halt, Sinn und Geborgenheit fand.

Auflösung gemeinschaftlicher Bindung

Wo der Mensch noch als Glied im geheiligten Ganzen einer gewachsenen Gemeinschaft lebt, die ihn wirklich trägt, sein Dasein mit Sinn erfüllt und ihn menschlich birgt, tritt sein Lebensanspruch als individuelles Wesen noch nicht in Erscheinung. Dieser ist aufgehoben im Lebensanspruch des Ganzen.

Wenn dieses über die persönlichen Anliegen des einzelnen hinweggeht, so bedeutet dies noch nicht die Verneinung seines personalen Wesens. In der Teilhabe des einzelnen am Ganzen lebt das Ganze als Subjekt im einzelnen. Das Sein des Ganzen ist das Sollen seiner Glieder. Das Zueinander und Miteinander der Glieder im Ganzen hat einen existentiellen Sinn. Dank der Identifikation des einzelnen mit dem Ganzen lebt er, auch wo er seine individuellen Wünsche zurückstellen muß, im Bewußtsein einer Verwirklichung seiner selbst, die eine, wenn auch noch vorpersonale, so doch menschliche Erfüllung zuläßt. Erst wo sich die Gemeinschaften auflösen und an ihre Stelle das unpersönliche »Kollektiv« tritt, ein Organismus zur Organisation wird, die nur noch sachlich und pragmatisch orientiert ist, ändert sich alles. Nur noch als Leistungsträger und Funktionär angesehen, aber als »Person« ausgeschaltet, fühlt der einzelne sich auf sich selbst zurückgeworfen, und die Frage nach dem existentiellen Sinn seines Lebens wird zum Problem, das — zur reinen Privatangelegenheit geworden — er unausweichlich selbst lösen muß. Je mehr diese Entwicklung der Gesellschaft voranschreitet, Bildung und Erziehung wie selbstverständlich nur noch Leistungsvermögen im Auge haben, mit denen der einzelne sich im Gefüge objektiver Systeme einordnen, sichern und bewähren muß, wird schon in der Jugend das persönliche und individuelle Wesen zu Widerspruch und Rebellion getrieben. Der Jugendliche, ja oft schon das Kind, wird dann von inneren Problemen bewegt, die, solange das Leben in der Familie noch festgefügt und beseelt ist, nicht existieren. Selbstverwirklichung wird schon frühzeitig zum Lebensthema des Menschen, und die Jugend gerät in Aufruhr.

Was vordem selbstverständliche Einordnung in die gegebenen Lebensgemeinschaften, Hineinwachsen in die tragende Wertordnung, Sitte und Haltung war, verblaßt und vermindert sich zu einer notgedrungenen »Anpassung« und Unterordnung unter Ideale, Normen und Konventionen, die immer mehr als unglaubwürdig empfunden und nicht mehr einfach mitgelebt werden können. Wo aber die Unterwerfung unter die alte Autorität der Erwachsenen noch nachwirkt und die alten Normen und Glaubensformen noch als innere Instanz fortleben, gerät der Mensch, wo er später dann auf sich selbst zurückgeworfen wird, in einen schweren inneren Konflikt. Im Bewußtsein, nun eigentlich zu sich selbst stehen und seinem sich mit Macht meldenden eigenen Wesen die Ehre geben zu müssen, bedrückt ihn das schlechte Gewissen gegenüber der Forderung der ihm eingefleischten Normen und zugleich, wenn er diesen gehorcht, das Gewissen gegenüber sich selbst. In dieser heute für so viele bestehenden Situation gibt es kein »Zurück« mehr, sondern nur ein mutiges »Vorwärts« zur einzig gültigen Quelle persönlicher Existenz und Entscheidung. Diese Quelle ist nichts anderes als das R e i c h d e r i n n e - r e n E r f a h r u n g e n und die unüberhörbare Stimme des Wesens, die aus ihnen spricht. Daß diese Rebellion der individuellen Person gegen die in ihrer Gültigkeit verblassenden objektiven Geltungen erst auch das Hochkommen der in gewachsener Gemeinschaft ganz selbstverständlich gebändigten Triebe begünstigt, ist verständlich. Ihre Unterordnung unter das Gesetz des Ganzen, mitmenschlicher Rücksicht und geistiger Notwendigkeit, versteht sich von selbst. Nun aber handelt es sich nicht mehr nur um den Gegensatz zwischen triebhaftem Egoismus und Altruismus, sondern um den Widerspruch zwischen Gemeinschaftstreue und Wesensverwirklichung. In der Rebellion auch schon des jungen Menschen kündigt sich der Aufstand des Wesens, das wahrgenommen und zugelassen werden will, an. Es ist der neue Mensch, der zum Mündigwerden herangereift ist. Und der entscheidende Schritt, der dieses Mündigwerden einleitet, ist die Hinwendung des Menschen unserer Tage zur ü b e r n a t ü r l i c h e n E r f a h r u n g, d. h. das Ernstnehmen von Erfahrungen, aus denen fordernd und verheißungsvoll das W e s e n spricht, als die Weise, in der das überweltliche Sein in jedem von uns anwesend ist und zugelassen werden will zur Gestaltwerdung in der Welt!

Solche Erfahrung ist die Frucht einer Reifung, die auf dem Umweg der Entfremdung des Menschen gegenüber seinem Wesen ihn wieder hellhörig macht für die Weisheit seiner eigenen Tiefe. Auf die Bewußtwerdung dieser Tiefe zielt Zen.

ZEICHEN DER WENDE

Die Hinwendung zur übernatürlichen Erfahrung

Je mehr der Mensch sein Wesen verdrängt, um so mehr gerät er in sein tiefstes menschliches Leiden. Und aus diesem Leiden bricht die Sehnsucht hervor, wieder hinzufinden zu einem Leben, das vom Wesen erfüllt ist. Was ihm gestern noch selbstverständlich war, die Einordnung in die von ihm zu meisternde Welt, das genügt ihm heute nicht mehr. Sie wird ihm zu eng und zu flach, wenn er das Tiefere spürt, das in ihm als das wahre, das überweltliche *Leben* ans Licht drängt. Der Drang dieses Lebens in ihm, das, nie still stehend, auf nie endende Verwandlung drängt, ist durch jede feststehende Ordnung verstellt. Wo es verstellt ist, äußert es sich in einer eigenartigen Unruhe, in Gefühlen der Angst, der Schuld und der Leere, für die kein äußerer Grund vorliegt und die durch keines der Mittel aufgehoben werden können, die für gewöhnlich dem weltbezogenen Ich helfen. Keine Sicherheit in der Welt nimmt diese Angst, kein Rechtsein in der Welt bringt diese Schuldgefühle zum Schweigen, kein Reichtum der Welt kann diese Leere ausfüllen; denn es geht um etwas anderes.

In der Sehnsucht, die den Menschen der Neuen Zeit erfüllt, lebt ein heimliches Wissen. Es ist das verborgene Wissen um eine Fülle, die aus dem Wesen aufsteigt und unabhängig ist und den Menschen unabhängig macht von aller Vielheit, die das weltbezogene Ich mit Besitz, Geltung und Macht zu gewinnen vermag. Es ist ein heimliches Wissen um einen Sinn, der jenseits ist von allem Sinn und Unsinn, von aller Gerechtigkeit oder Ungerechtigkeit, wie das Ich sie versteht. Es ist das heimliche Wissen um eine Gestaltwerdung des eigenen Selbstes, in der es keinen Stillstand gibt und in der sich das verborgene Inbild auszeugt in einem fortwährenden Wandel durchlässig bleibender Formen. Es ist das heimliche Wissen um ein Geborgensein in einer Liebe, die unabhängig ist und unabhängig macht von jeder Liebe, die einem von einem anderen zukommt, und die allem Alleinsein die Verlassenheit nimmt. In diesem heimlichen Wissen, das die große Sehnsucht erfüllt, ist das W e s e n am Werk. In ihm ist das Sein im Menschen in einer Weise anwesend, die ihn in eine wundersame Unabhängigkeit stellt von allem, woran sich das weltbezogene und weltabhängige Ich hält. Es ist ein Wissen, das mit der Logik der Welt, mit der Logik des gegenständlichen Bewußtseins nichts mehr zu tun hat und ihren so selbstverständlichen Anspruch auf alleinige Geltung aus den Angeln hebt. Ganz leise spricht dieses Wissen erst ahnungsvoll an, dann wird es als Verheißung gespürt und dann als Stimme gehört, die immer eindeutiger, verheißungsvoller und fordernder wird. Ein neues Gewissen erwacht, und endlich wird der Mensch dann bereit, die Augenblicke ernst zu nehmen, in denen dieses heimliche Wissen aufkeimte oder, stärker noch, wenn auch für kurz, als eine Gewißheit da war. Nun erst kann der Mensch die Sternstunden seines Lebens ernst nehmen, in denen das Sein zu ihm spricht, Stunden, deren beglückenden Gehalt er, solange er am objektiv Faßbaren haftet, als ein Ungültiges abtut. Und erst jetzt wird er auch bereit, auf die Zeugnisse derer zu hören, die anderswo und vor ihm erfuhren, was ihm widerfuhr, und es ernst und zum Ausgangspunkt eines Weges nahmen, auf dem sich das von ihm nur augenblicksweise Erlebte mit Stetigkeit als das wahre Wesen entfaltet. Und dann wird er auch hellhörig für die Weisheit des Ostens, der niemals aufgehört hat, der Stimme der verborgenen Weisheit zu lauschen — und als maßgebend für den inneren Weg zu gehorchen.

Hier liegt der große Unterschied zwischen der Kultur des Ostens und der Zivilisation des Westens: Im Westen dominiert, das Gesicht des Lebens bestimmend, der Auftrag des Menschen zur Ordnung der Welt im gültigen W e r k; im Osten dagegen der Auftrag des Menschen zum Weg in die innere R e i f e. Jener erfüllt sich im objektiven Gebilde und in der ihm verpflichteten »Persönlichkeit«, dieser dagegen im Ernstnehmen des Menschen auf dem Weg zur P e r s o n. Dieser Weg aber ist *der Weg der inneren Erfahrung* der uns *immanenten Transzendenz.* Und im Einmünden auf den Weg der inneren Erfahrung kündet heute das Neue sich an.

Der abendländische Geist ruhte bisher auf zwei Säulen: Auf der einen Seite trug ihn das rationale Wissen, das sich auf der natürlichen Erfahrung der Sinne aufbaut. Auf der anderen Seite trug ihn der Glaube an eine übernatürliche Offenbarung. Der Ferne Osten, der weder etwas dem christlichen Glauben Entsprechendes besitzt noch jemals die Ratio als ein Mittel ernst nahm, die Wahrheit über den Sinn und die Bestimmung des menschlichen Lebens zu finden, hat ein Drittes als Quelle wahrer Erkenntnis und als gültige Basis des menschlichen Weges entwickelt: das Ernstnehmen der übernatürlichen Erfahrung und der natürlichen Offenbarung. Sie wird dem Menschen nur jenseits der Grenzen seiner natürlichen Kräfte geschenkt. Dies Geschenk aber trägt nur dort seine Früchte, wo der Mensch bereit ist, sein inneres Erleben ernst zu nehmen und der Stimme seines tiefsten Gewissens zu lauschen. Was aber bislang als eine für uns nicht zuständige Quelle östlicher Weisheit oder doch nur als ein Privileg bevorzugter Geister galt, daß wir nicht nur an eine höhere, göttliche Wirklichkeit glauben müssen, sondern diese schon in diesem Leben als uns innewohnend spüren dürfen, das ist heute in vielen als Ahnung lebendig, ja für viele schon in erschütternden Stunden zu einer Erfahrungsgewißheit geworden. Nicht weniger als der Mensch des Ostens hat der Mensch des Westens Sternstunden des Lebens, in denen das Sein in sein Innesein tritt. Aber er war bislang nicht dazu erzogen, ernst zu nehmen und zu verstehen, was ihm hier widerfährt. Hier hilft die Begegnung mit dem Zen uns ein Stück weiter.

Was sind die Sternstunden des Lebens? Es sind die Stunden, in denen uns ganz unerwartet ein Tieferes anrührt und uns mit einem Male in eine andere Wirklichkeit hineinstellt. Dies kann uns widerfahren im Dunkel einer Not wie ein Licht, das mit einem Schlage alles verwandelt, es kann zu uns kommen auf dem Gipfel eines irdischen Glücks, wo mit einem Male alles einen überirdischen Glanz hat. Es kann geschehen, wo immer der Mensch an der Grenze seiner Macht, seiner Weisheit, seines seelischen Belastungsvermögens zerbricht, vorausgesetzt, daß er dies Zerbrechen annimmt und dann als sein Ureigenes zuläßt und ernst nimmt, was im Eingehen des Alten als ein Neues aus ihm heraufbricht. Es kann geschehen in Stunden drohender Vernichtung, wenn er es vermag, Vernichtung und Tod anzunehmen, wo dann plötzlich die Angst weicht und der Mensch ein neues, unbekanntes Leben in sich spürt, kraft dessen er sich auf eine ganz unbegreifliche Weise unzerstörbar und »in der Kraft« fühlt. Es kann geschehen im Verzweifeln am Widersinn dieser Welt oder im Eingeständnis eigener Schuld. Wenn der Mensch es vermag, das Unannehmbare anzunehmen, wenn er aushält, was nicht auszuhalten ist, kann es geschehen, daß er im Annehmen, im Aushalten, im Ausglühen plötzlich ein inneres Licht erfährt, das ihn in einen »Zustand der Klarheit« setzt, der nichts mehr zu tun hat mit einem Klarsein über etwas, sondern alle begründbare Klarheit umgreift. Es kann auch geschehen, wo der Mensch ein Verlassensein in der Welt, eine Ungeborgenheit, in der man als Mensch nicht leben kann, annimmt. Im Annehmen der ihn aushöhlenden Verlassenheit kann es geschehen, daß er erfährt, wie ein tieferes Aufgehobensein ihn umfängt, ein In-der-Verbundenheit-Stehen, von dem man nicht sagen kann, mit wem es bestünde. Es ist die uralte Erfahrung der E i n h e i t aller Wesen im Sein, an der man selbst teilhat. Diese unbegreiflichen Erlebnisse, dies ganz plötzliche, völlig unbegründete Stehen in der Kraft, in der Klarheit, in der Liebe ist Ausdruck des im Menschen selbst aufgebrochenen und offenbar werdenden Geheimnisses des sich in ihm manifestierenden Seins, in dessen Fülle, Gesetz und Einheit alles Dasein in der Welt als Leben, Sinn und Bergung wurzelt und sich ewig erneuert.

Wer ahnt, wie vielen die Schrecken des Schlachtfeldes, der Bombennächte, der Gefängnisse und Lager, die dunkelsten Zeiten also, die Begegnung mit der Gotteskraft in uns selbst brachten und sie in den schwersten aller Stunden völlig unerwartet ins Licht stellte? Das ist der verborgene Schatz in der heutigen Menschheit: die Erfahrung des »ganz anderen«, das so viele nicht nur befähigte durchzustehen, was alle menschliche Kraft übersteigt, sondern sie zu Zeugen des Wesens berufen hat, das nur darauf wartet, in seinen Zeichen verstanden, in seinem Rufen gehört und zum Aufbruch zugelassen zu werden. Wie viele unter uns haben die Kraft erfahren, die in den schwersten Stunden, wo Vernichtung droht, aufgeht, wenn man nur demütig Sterben und Tod annimmt! Wie viele haben das Licht der Erleuchtung erlebt, das aus einer Verzweiflung hervorbrechen kann, wenn man das Unbegreifliche annimmt! Wie viele haben die unbegreifliche Geborgenheit gespürt, in die Verlassenheit umschlagen kann, wenn man das Unerträgliche aushält! Wie wenige aber wissen, was ihnen da geschah! Und doch entsprang hier für viele die Quelle neuer Hoffnung und neuen Glaubens und der Ursprung eines Fragens und Suchens nach dem Weg, der in das Leben und in die Wahrheit führt, die uns Menschen eigentlich zugedacht sind. Um diese Quelle und diesen Weg weiß Zen.

Dreierlei ist es also, das den westlichen Menschen von heute in die Tiefe des eigenen Wesens hineintreibt und für den Schatz seiner inneren Erfahrung aufschließt: die Not der Entpersönlichung in der versachlichten Gesellschaft, die Vertreibung des einzelnen aus dem bergenden Gefüge tragender Gemeinschaft und der Ertrag der erschütternden Erfahrungen in den Schrecken der vergangenen Jahrzehnte. Und aus alledem

aufsteigend die Ahnung — in einigen schon die Gewißheit —
um eine andere Dimension, die, der Erfahrung zugänglich,
dem Leben in dieser Welt einen überweltlichen Sinn zu verlei-
hen vermöchte.

Das Zurückgeworfenwerden des Menschen auf sich selbst
bringt ihn in die Fühlung mit einer inneren Wirklichkeit, die
so lange im Verborgenen bleibt, als er glaubt, zur Erfüllung
zu kommen, wenn er nur seinen Mann in der äußeren Welt
steht. Erst da, wo er an eine Grenze kommt und das Leben ihn
an den Rand der Vernichtung bringt, ihn in die Öde und Verzweiflung treibt und in die Verlassenheit stößt, da erst beginnt er sich auf sich selbst zu besinnen und ernst zu nehmen,
was aus den Tiefen seines bislang unbewußten Wesens nun
ins Innesein tritt. Daß der Mensch in dieser Begegnung mit
seinem eigenen Wesen etwas erlebt, das zugleich ein Überweltliches ist und ihn selbst ausmacht und mit zwingender
Evidenz und Gültigkeit ins Innesein tritt, das kennzeichnet
die Schwelle, über die die heutige Generation zu treten im Begriff ist, sofern sie die Zukunft in sich trägt.

Vielfältig zeichnet sich heute das neue Erleben schon ab: in
der Existenzphilosophie, in der abstrakten Kunst, in der Psychotherapie, in der jüngsten Literatur, vor allem aber im Ruf
nach meditativen Übungen und nach Führung auf dem inneren Weg, auf dem es um anderes geht, als um Wiederherstellung oder Steigerung weltbezogener Leistungskraft. Vor allem
aber im Aufbruch der Jugend und seinen vielfältigen Erscheinungen fühlen wir den Durchbruch durch die Kruste festlie-
gender Ordnungen von leblos gewordenen Formen und Formeln des Denkens, Gestaltens, Sichverhaltens und Zusam-
menlebens. Überall bahnt sich die Entdeckung des Seins im
Seienden an und mit ihr das Freiwerden des Eigenen und
Schöpferischen im Menschen. Und weit über die sichtbaren
Zeugnisse neuartigen künstlerischen Gestaltens hinaus spürt
man den Aufbruch der Herzen, in denen die Not der Zeit
ihre Früchte zu tragen beginnt und neues Suchen erwacht ist.

Neuer Wein in alten Schläuchen

Wo immer den Menschen ein Neues ergreift, nimmt er es zuerst in den Formen des Überlieferten auf. Wo aber neuer
Wein in alte Schläuche gefüllt wird, wird er verfälscht und

verdirbt. So sehen wir auch heute, wie der Sinn des Neuen, auf das der Mensch, oft ohne es noch ganz zu begreifen, hinsteuert, sich in Unsinn verkehrt. Denn manch einer wendet sich, müde geworden an der Welt, der Übung der inneren Erfahrung in einer Haltung zu, die selbst noch vom alten Ich-Welt-Geist beherrscht ist.

Wie Pilze schießen heute überall kleine Kreise und Zirkel hervor, die unter mehr oder weniger sachgemäßer Führung Übungen machen, die den Menschen aus seiner gewöhnlichen Bewußtseinslage herausbrechen und mit einem neuen Sinn des Lebens beschenken sollen. Im Mantel ehrwürdiger Namen, wie Yoga, Meditation, Versenkung und Stille, werden allerhand Übungspraktiken gepriesen und angeboten. Doch allzuhäufig droht hier die Gefahr, daß dem Menschen genau das wieder verstellt wird, wonach er sich sehnt. So wie die Übungen zur Entspannung des verkrampften Menschen vielfach zu einem Kult der Auflösung werden, so verkehrt sich der Sinn der Übung, die der Mensch zur Überwindung der alten und zur Gewinnung einer neuen Form macht, in eine Lust an der Entgrenzung, die unfruchtbar bleibt oder heillos wirkt. So gibt es auch heute viele, die durch »Übungen« zwar eine vorübergehende Erlösung von ihrem erstarrten Ich-Gehäuse erfahren, aber im Erlebnis auflösender Entgrenzung verweilen. Wird auch in solchen Erlebnissen bisweilen der erlösende Grund ungeschiedener Einheit erfahren, ohne Kernung der neu aufgeschlossenen Gemütskräfte, ohne Entscheidung und Geburt eines neuen Gewissens für ein neues Leben und treue Übung, wird nichts daraus, d. h. es wird daraus nichts anderes als ein seinswidriger Erlebniskult. Die Übung wird zu einem heilswidrigen Mitttel, wohlige Erlebnisse zu erzeugen. Sie wird zur Droge, die durch eine Wiederholung lustvoller Erlebnisse zu ersetzen sucht und vertut, was nur aus ursprünglichem Erleben und harter und treuer Übung allmählich hervorwachsen kann.

Eine zweite Gefahr sind jene Übungen der Stille, die zur falschen, faulen, unfruchtbaren Ruhe, zu einer Art Stilllegung des Menschen, führen, die nichts mit der echten Unbewegtheit des Gemütes zu tun hat, nichts auch mit der lebendigen Stille, die uns vernehmlich, belebend und fordernd mit dem Göttlichen verbindet. Es ist eine tote Stille, die zwar auf dem Hintergrund gewesener Unruhe und Angst angenehm ist, aber den schöpferischen Grund des Lebens nicht entbindet, sondern verstellt.

Eine dritte Gefahr, die dem Menschen aus ersten Seinsfühlungen heraus droht, tritt dann ein, wenn deren Sinn, die Aufhebung der Herrschaft des Ichs, in ihr Gegenteil verkehrt wird und der Mensch sein altes Ich in und an ihnen mästet. Geladen mit neuer Kraft, vergißt der Unerfahrene leicht, daß dieser Zuschuß an innerer Mächtigkeit ihm als Gnade zuteil ward, die von woanders herkommt und von anderem bestimmt ist als zur bloßen Stärkung seiner Welt-Kraft. Er rechnet sie sich selber zu, und das, was ihn bescheiden machen sollte, bläht ihn erst recht auf. Hier ist das Gewonnene dann nicht nur vertan, sondern zum Quell gefährlicher Machtsteigerung geworden. Dieses wirkt sich dann nicht nur unheilvoll in der Welt aus, sondern schlägt auch vernichtend auf den zurück, der das, was ihm zum Dienst am Sein dargereicht wurde, für seine Ich-Macht verwendet. Hierher gehört auch die generelle Gefahr, initiatisch gemeinte, das heißt, dem Offenbarwerden des Seins im Dasein dienende Übungen pragmatisch zu verwenden und damit zu verfälschen. So zum Beispiel, wo Yoga, was ursprünglich »Anjochen an das Sein« meint, zur Gymnastik wird — die, statt dem inneren Weg zu dienen, zur Steigerung von Gesundheit und Leistungskraft geübt wird.

Die wohlige Auflösung und der Erlebniskult, die faule Stille, die Ich-Aufblähung und der säkulare Mißbrauch gewonnener Seinskräfte, die pragmatische Verwässerung und Verfälschung initiatischer Übungen — das sind also die Gefahren, die dem Suchenden drohen, wenn ihm der rechte Ernst fehlt oder er der rechten Führung ermangelt.

Die Wendung zur initiatischen Sicht

Das uns heute aufgegebene Neuwerden durch Überschreiten der Grenzen des gegenständlichen Bewußtseins und die damit verbundene Überwindung der Gefahren des fixierenden Ichs erfordert das Eintreten in den Raum der übernatürlichen Erfahrung sowie des Weges, der zur ihr hin und von ihr weiterführt. Das sich hier entwickelnde Wissen und Handeln ist von grundsätzlich anderer Natur als das, das vom gegenständlich fixierenden Ich bestimmt ist. Und das bedeutet: In der Theorie wie in der Praxis des Lebens muß jenes Denken, das sich nur in Gegensätzen und Dualismen bewegt, in einer Lebenssicht aufgehoben werden, die im Zeichen überweltlicher

Erfahrung steht, und in einer Lebensführung verwirklicht werden, die *initiatisch* gegründet ist.

Allein schon das Aussprechen des Wortes »initiatisch« erzeugt ebenso wie das Wort Mystik immer noch in manch »aufgeklärtem«, das heißt, halbgebildetem Abendländer, besonders wenn er in rein wissenschaftlichem Denken verankert ist, eine Geste indignierter Abwehr. Doch sollte es uns nicht zu denken geben, daß sich in der Zurückhaltung, Skepsis und Abwehr gegenüber der Mystik sehr häufig die radikalen Vertreter der sich für »Wirklichkeit« allein zuständig dünkenden Ratio seltsam vereint finden mit den radikalen Vertretern der sich für die »höhere Wirklichkeit« allein zuständig dünkenden kirchlichen Lehre? Wie kann das sein? Vielleicht, weil beiden allein schon die Möglichkeit der »übernatürlichen« Erfahrung, in der ein alle Vernunft überschreitendes, aber als übernatürliche Kraft, Ordnung und Einheit evident erlebbares Sein aufgeht, als Widerspruch gegen die lückenlose Kohärenz und den Totalitätsanspruch der von ihnen verwalteten Wirklichkeit erscheint? Aber es gibt nun einmal nicht nur die übernatürliche Erfahrung selbst, sondern auch jene bewußt und behutsam vollzogene Bewegung und Übung des Geistes, die die Grenze des sich in Gegensätzen und Dualismen bewegenden Denkens überschreitet und fortschreitend von Erfahrung zu Erfahrung zur Ausbildung jener Verfassüng und Reife des Menschen führt, kraft derer er im Erleben und Handeln in der Wahrheit des übergegensätzlichen Seins steht. Das hier entstehende initiatische im Unterschied zum pragmatischen Wissen ist immer der Niederschlag von Erfahrungen, in denen das Leben ungebrochen ins Innesein trat, weil es nicht zum »Gegenstand« gemacht, das heißt, im Durchgang durch das Netz gegenstandschaffender Kategorien und Begriffe seiner ursprünglichen Wirklichkeit beraubt wird. Aber nur aus ihr heraus kann es in uns die Gestalt gewinnen, die unserem wahren Inbild entspricht.

Die von der initiatischen Sicht geforderte Wendung nach innen ist nicht schon dadurch gegeben, daß der Mensch sich statt der äußeren Welt seiner Innerlichkeit zuwendet. Auch diese kann, wie etwa in der Selbstbeobachtung, wie die klassische Psychologie sie lehrte, zu einem Gegenstand gemacht werden. So wird auch sie zum Gegenstand, wo immer wir über uns »nachdenken« oder uns Rechenschaft über uns selbst ablegen. Der Unterschied zwischen pragmatischem und initiatischem Wissen hängt, solange sich ihm ein gleichbleibendes Bewußtsein zuwendet, nicht davon ab, ob man nach innen oder nach außen schaut, sondern am Umschlagen des gegenständlichen in ein »inständliches« Bewußtsein.

Der große Lehrer des Zen T. Daisetzu Suzuki antwortete mir einst auf die Frage »Was ist östliche Weisheit?«: »Westliches Wissen schaut nach außen, östliche Weisheit schaut nach innen. Wenn man aber nach innen schaut, wie man nach außen blickt, macht man aus dem Innen ein Außen.« Das also ist das Verhängnis: daß man immerzu aus dem »Innen ein Außen macht«, das heißt, einen Gegen-Stand. Wie aber macht man, wenn man nach innen blickt, aus dem Innen kein Außen? Das heißt, wie bewahrt man das zu innerst Erfahrene vor dem Zugriff des gegenständlichen Bewußtseins? Artikuliert sich nicht ganz unwillkürlich jede innere Erfahrung in Bildern und Begriffen, die einen gegenständlichen Sinn haben? So ist es, und jede religiöse Lehre artikuliert in dieser Weise ein ursprüngliches Betroffensein und seine Folgen in eine auch logisch kohärente Ordnung von Bildern und Begriffen. Gewiß — aber auch diese sind ursprünglich »interpretierte Erfahrung«, deren Ausdruck nur existentiell verstanden werden kann. Dies gilt auch gegenüber dem Buddhismus.

So wie das Christentum nicht zu denken ist ohne Christus, so gibt es auch den Buddhismus nur mit Gautama Buddha und im Ernstnehmen dessen, was er durchlitt, erfuhr und bezeugte. Und wie sich das christliche Geheimnis nur dem Gläubigen öffnet, so erschließt sich das Geheimnis in buddhistischer Gestalt auch nur einer ganz bestimmten Form des Bewußtseins.

Wie jeder weiß, war der Ausgangspunkt für Buddhas Erfahrung und Lehre die Frage nach dem Wesen und dem Ursprung des Leidens und nach der Möglichkeit der Befreiung vom Leiden. Die im Mittelpunkt des buddhistischen Denkens stehende Lehre vom Nicht-Ich erscheint in höchstverständlicher Weise abgeleitet aus der Vergänglichkeit aller Dinge und so auch das menschliche Leiden als die logische Folge eines Irrtums, eines Wahnes, nämlich des Haftens an etwas, das überhaupt keine bleibende Wirklichkeit hat, sondern nur wie ein Gaukelspiel unserem das Vorübergehende fixierenden und die Wahrheit verschleiernden Bewußtsein vorschwebt. Buddhistische Schriften, vor allem die frühen, haben oft etwas logisch Zwingendes und dadurch bestechend Einleuchtendes für den westlichen Leser. Wenn aber das alles so einfach verständlich ist, was wir in buddhistischen Schriften lesen, wozu hat es dann, um es zu entdecken, Buddhas großer Erleuchtung bedurft? Diese Frage macht uns auf etwas aufmerksam, das in allen Diskussionen, die sich auf den Buddhismus wie auch auf andere Religionen beziehen, meist zuwenig beachtet wird: Die großen »Lehren« geben die Wahrheit in einer scheinbar offenen und unmittelbar zugänglichen, in Wirklichkeit aber verschlüsselten Form. Im Grunde handelt es sich aber immer, und so auch in der Lehre Buddhas, bei dem, was uns mitgeteilt wird, nicht um ein gewöhnliches und ohne weiteres zugängliches Wissen, sondern um ein erleuchtetes, inneres, geheimes, initiatisches Wissen. Es gehört zu den ebenso grandiosen wie naiven Verdrehungen östlichen Erfahrungsgutes, wenn der übernatürliche Sinn der buddhistischen Lehre vom natürlichen Standpunkt unseres gewöhnlichen gegenständlichen Bewußtseins dargestellt, interpretiert und dann herablassend, sei es als edel und human belobigt oder aber als irreführend, weil hybrid (»Selbsterlösung«), heftig kritisiert und abgetan wird.

Die Wirklichkeit, aus der das initiatische Wissen hervorgeht, ist die ursprüngliche, mit der der Mensch »im Grunde« immer »eins« ist. Sie kann ihm aber nur aufgehen, wenn er auf dem Umweg über sein gegenständliches Bewußtsein, das ihn von ihr wegführt, dem Leiden an seiner Entfremdung und schließlich dessen Überwindung wieder zu ihr gelangt, das heißt, in einem erweiterten, also neuen Bewußtsein ihrer inne wird. So auch beziehen sich die Aussagen des Buddhismus auf eine ganz andere Wirklichkeit, als es die ist, die uns auf Grund unserer gewöhnlichen Vorstellung vom Leben vorschwebt, auf die sich aber unser Denken wie unsere Sprache beziehen. Das gilt aber nicht nur für die Wahrheit des Buddhismus. Wo immer wir Erlebnisinhalte von religiöser Bedeutung in der Weise unseres gewöhnlichen weltbezogenen Verstandes ansehen, in seiner Weise fixieren und ausdrücken oder ihre Bilder und Symbole mit dem gewöhnlichen Verstand zu deuten und zu verstehen versuchen, verhüllen oder verfälschen wir den transzendenten Gehalt ihrer Wahrheit. Darum auch werden die Meister aller Religionen nicht müde zu betonen, daß sich die Wahrheit, die sie meinen, nur dem inneren Ohr öffnet und nur vom inneren Auge geschaut werden kann. Das Aufgehen des inneren Auges steht im Zentrum des Zen. Es ist gleichbedeutend mit dem Erwachen des Menschen zu einer neuen, ganz anderen Ebene seiner selbst und der Kraft eines neuen

Bewußtseins. Die Forderung eines neuen, vom gegenständlichen Bewußtsein unterschiedenen Bewußtseins als Voraussetzung für die Erkenntnis der für den Menschen maßgebenden Wahrheit bedeutet eine Revolution im Reiche des Geistes. Wer ist bereit, wenn er das begreift, sich in das große Abenteuer einzulassen?

Es ist gewiß durchaus in der Ordnung, daß ein Mensch in seiner natürlichen Sicht Genüge findet, solange er im Hintergrund seines Lebensgefühles die Einheit mit dem Wesen niemals verlor. Er steht, seiner Teilhabe am Sein noch unbewußt, der Welt im naiven Realismus gegenüber. Es ist gleichfalls verständlich, daß er von der alten Sicht nicht läßt, solange er die Einheit des Seins, die sein Ich-Stand verhüllt, noch nicht wieder erfuhr. Aber er unterwirft aus Unfreiheit sein Gewissen einer vorgegebenen Anschauung und betrügt sich um die Möglichkeit der ihm jetzt möglichen und aufgegebenen wesensgemäßen Integration, Reifung und vollen Menschwerdung, wenn er auch dann noch an der ausschließlichen Gültigkeit der im spaltenden Ich gründenden Wirklichkeitsauffassung und Wertordnung festhält, wenn er in ich-loser Erfahrung das übergegensätzliche Sein und seinen Ruf selbst erlebt hat und nun weiß, daß das Ernstnehmen des hier Erfahrenen von der Überwindung seiner alten Wirklichkeitsabsicht abhängt, in der er nur gegenständlich Erfaßtes ernst nehmen kann.

Natürlich steht es jedem Menschen frei, sich gegen die Wahrheit tiefster Seinserfahrung und inständlicher Lebenserkenntnis für die Richtigkeit nur »natürlicher« Welterfahrung, gegenständlicher Wirklichkeitserkenntnis und für die Zulänglichkeit gegenständlicher Lebensinterpretation zu entscheiden. Aber er muß wissen und muß verantworten, was er damit tut. Sollte dem Menschen unserer Zeit, der existentiell an die Grenze seiner natürlichen Möglichkeiten gelangt ist, an der ihm das Übernatürliche aufgehen kann, nicht alles daran gelegen sein, die Alleinherrschaft seines objektivierenden Ich-Zentrums zu brechen, dessen gegenständliche Sicht zwar zu den glorreichen Erkenntnissen und Leistungen moderner Technik befähigt, aber dem ungegenständlichen Innewerden des Seins und der Selbstverwirklichung des Menschen aus dem Wesen solange im Wege steht, als es zum Selbstzweck wird und vorherrscht?

Aber der Mensch des Westens ist so eingeschworen auf die

trotzig-männliche Identifikation mit dem unser gegenständliches Bewußtsein tragenden Ich, daß wir es schwer haben, jenem höheren Bewußtsein Raum zu geben, in dem das Sein in einer übersinnlichen Sinnlichkeit geschmeckt und in einer verwandelten Geistigkeit und Leiblichkeit Gestalt werden kann. In der Sorge um den Bestand überlieferter Erkenntnisordnungen, die den Vorrang der Ratio bestätigen, und in der Gebundenheit an fixierte Interpretationen seines Glaubens, die sich gegenständlich faßbarer Bilder und Begriffe bedienen, wagt der Träger der abendländischen Tradition es meist nicht, den Wahrheitsgehalt seiner tiefsten Erfahrungen zu entdecken oder anzunehmen; und doch sind sie es, in denen der Mensch aus dem Innewerden des Seins jenes tiefere, nicht gegenständliche, nicht faßbare und doch evidente Wissen gewinnt, das nicht nur seine theoretische und praktische Bemeisterung der Welt in einer Weise neufundiert, die sie transparent werden läßt, sondern auch seinen Glauben dort aufs neue mit der Wahrheit des ihn verwandelnden, weil erfahrenen, göttlichen Lebens erfüllt, wo er dem nach »Beweisen« verlangenden Weltverstand zum Opfer fiel.

Fühlt der Abendländer die Not, in die sein westlicher Geist ihn gebracht hat, erkennt er die Aussichtslosigkeit des Versuches, sie mit denselben Mitteln zu beheben, durch die sie entstand, und will er nicht mehr den billigen Ausweg der Flucht vor sich selbst in Betäubung, Anpassung und Resignation, muß er hinhören auf das, was ihn aus der gegenständlich nie faßbaren Tiefe seines Wesens anspricht. Das ist es auch, was Z e n lehrt. Nähert er sich Zen in der Haltung des vorurteilslos Suchenden, kann er erfahren, daß Zen nichts nur Östliches ist, sondern in seiner Weise ausspricht, was auch die großen Geister des Abendlandes gewußt und auch gelehrt haben und was immer der schöpferisch erneuernde Urquell des Lebens war. Ihm sich zu verschließen ist von dem Augenblick an nicht mehr zulässig, in dem der Mensch unausweichlich und eindeutig von seinem Wesen gerufen wird. Der Mensch, den die Transzendenz in bestimmten Erfahrungen anrührt und ruft und der dann nicht folgt, verfehlt den ihm zugedachten Weg und wird dafür büßen müssen.

Zen als Antwort

Wehe dieser verderbten Zeit
Des vollendeten Unglaubens!
Die Menschen lassen sich,
Der Tugend bar,
Jetzt kaum mehr bessern.
Zu lange sind sie verlassen
Vom Heiligen,
Und tief hat sich eingefressen in sie
Das falsche Denken.
Da die Wahrheit so schwach ist,
Herrscht in ihnen der Teufel.
Und Verbrecher und Feinde der Wahrheit
Finden sich nicht wenig.
Nun ärgert es sie, daß sie die unmittelbare
Lehre Dessen, der da ist,
Ohne sie auszurotten oder zerstückeln zu können,
Mitanhören sollen

> Shodoka
> (»Gesang vom Erleben der Wahr-
> heit« von Meister Jôka um 800)[1]

[1] Sh. Ohazama — A. Faust, *Zen. Der lebendige Buddhismus in Japan.*
Gotha: Leopold Klotz Verlag 1925, S. 85. (Fotom. Nachdruck Darmstadt:
Wiss. Buchges. 1968.)

Jeder Mensch im Wesen Buddha

Die Menschen sind in ihrem tiefsten Wesen Buddha,
Wie Wasser Eis ist. Und wie es kein Eis gibt
Ohne Wasser, so gibt es ohne Buddha
Nicht einen Menschen.
Weh den Menschen, die in weiter Ferne suchen
Und, was nahe liegt, nicht wissen!
Sie gleichen denen, die mitten im Wasser stehen
Und doch nach Wasser schreien.
Als Söhne des Reichsten und Vornehmsten geboren,
Wandeln sie gleichwohl in Armut und Elend
Trostlos dahin.

Gesang des Zen-Meisters Hakuin[2]

Auf meinen Reisen in Japan begegnete mir einmal ein christlicher Missionar, der tief im Lande seit 18 Jahren in einem kleinen Dorf tätig war. Er erzählte von den vielfältigen Schwierigkeiten seiner Arbeit, daß es aber doch dann und wann ganz echte Bekehrung gäbe. »Nur«, sagte er, »wenn es ans Sterben geht, dann sterben diese Menschen am Ende doch nicht christlich, sondern japanisch.« Auf meine Frage, was er darunter verstünde, gab er zur Antwort: »Es ist bei diesen Menschen so, als stellten sie, wenn sie in diese Welt kommen, nur einen Fuß herüber auf das Ufer dieses Lebens, und so, als verlören sie zeitlebens das Gefühl, im Grunde auf dem anderen Ufer zu Hause zu sein, nicht aus den Gliedern. ›Sterben‹ bedeutet dann nichts anderes als den Fuß, den sie in dies Leben gestellt haben, wieder zurückzuziehen. Und dieses geschieht dann ganz selbstverständlich, heiter und so ganz ohne Angst.«

Das ist altöstliches Lebensbewußtsein. Aber muß das wirklich nur östliches Lebensbewußtsein sein? Sollten wir nicht ebenso empfinden können? Oder ist das ein ganz primitiver Glaube, ein kindliches Gefühl, ein unentwickelter Geist, der so empfindet? Wer so spricht, nimmt nur ernst, was aus der Weisheit des Grundes heraus in das Wissen eines rational kontrollierenden Denkens hineingeraten ist und dabei seiner Wahrheit verlustig ging.

---

[2] Sh. Ohazama — A. Faust, a.a.O., S. 62.

Und in der Tat findet bei uns die Bereitschaft, menschliche Erfahrungen und Lebensäußerungen hinsichtlich ihres Wahrheitsgehaltes ernst zu nehmen, meist immer noch ihre Grenze dort, wo es kein erkennendes »Einordnen« mehr gibt. Das ist abendländische Scheu vor dem Überschreiten der Grenze, objektiver, das heißt, vom menschlichen Erleben unabhängiger Tatsachen, jenseits derer aber erst die transzendentale Wirklichkeit aufgeht und »geschmeckt« werden kann. Aber auch wo sie nicht ausdrücklich in das Bewußtsein des Menschen tritt, ist die Wirklichkeit des Seins doch lebendig in seinem Wesen, in dem Wesen, das er im Grunde i s t. Der Buddhist schaut in diesem Wesen die B u d d h a - N a t u r. So ist j e d e r im Grunde seines Wesens Buddha. Aber er weiß es nicht. Und doch ist, ohne sein Wisssen, alle »Sehnsucht der Ferne« Bekundung der heimlichen Kraft aus dem Wesen, die ihn in sein Eigenes hineinzieht.

»Gleicht nicht«, so fragte ich einstmals Daisetzu Suzuki, »die Lage des Menschen, der sucht, der des Fisches, der das Wasser sucht?« »So ist es«, antwortete der greise Lehrer des Zen. »Doch eigentlich ist es noch anders. Es ist das Wasser, das das Wasser sucht!« In diesem Satz ist alles enthalten, das Problem des Menschen und die Antwort des Zen, die auch für uns Abendländer Gültigkeit hat! Und ein anderes östliches Wort lautet: »Der Tropfen mag schon wissen, daß er im Ozean ist, aber weiß er auch, daß der Ozean auch in ihm ist?«

Wir sagen so leicht: »Der Mensch sucht sich selbst.« Solange aber der, der sucht, ein anderer ist als der, den er sucht, kann er sich selbst nie finden. Findet er aber sich selbst und ist der, den er findet, nicht ein anderer als der, der findet, wer ist dann der Finder und wer der Gesuchte? Hier rühren wir an ein letztes Geheimnis. — Ein Geheimnis für wen? Vielleicht nur für den, der kein anderes Bewußtsein kennt als das, welches unterscheidet und spaltet. Nur wer dieses Bewußtsein überrundet, kann das Geheimnis leben als das seiner selbst bewußt gewordene LEBEN, das er selbst ist.

Sein als Erfahrung

Zen ist die Lehre vom Sein, von der Erfahrung des Seins und vom Leben aus dem Sein. Diese Lehre ist keine Ontologie, ist nicht das Ergebnis philosophischen Denkens oder einer metaphysischen Spekulation. Die Lehre des Zen ist Ausdruck einer inneren E r f a h r u n g. Es meint die Erfahrung vom Sein, das wir im Wesen selbst s i n d. Und diese Erfahrung ist die Folge, der Inhalt, die Weise eines bestimmten B e w u ß t s e i n s. Ja, sie i s t nichts anderes als ein bestimmtes Bewußtsein, das Bewußtsein, in dem sich das LEBEN im Menschen seiner selbst bewußt wird.

Sein Wesen erfahren und das Sein erfahren ist ein und dasselbe; denn das Wesen ist die Weise, in der das Sein in uns anwesend ist. So ist Zen auch nicht die Verkündigung einer übernatürlichen Offenbarung, die uns, die wir im Ich und seiner Welt leben, zum Glauben an einen überweltlichen Erlöser aufruft. Zen ist der Ausdruck einer übernatürlichen Erfahrung, in der uns ein Überweltliches aufgeht, in dem wir erlöst s i n d und darin wir in einem bestimmten Sinn nie unerlöst waren. Freilich, vom gewöhnlichen Menschen her, der in seinen Grenzen lebt, kann dies, wo es plötzliche Erfahrung wird, als übernatürliche Offenbarung verstanden werden. Dieses Überweltliche heißt im Buddhismus Buddha-Natur. Sie ist das Licht in uns, das uns, wenn wir zu ihm erwachen und es zulassen, »erleuchtet« und in der Erleuchtung in eine Verwandlung hineinstößt.

Die erste Erfahrung des Seins ist immer zugleich das Erlebnis einer Verheißung. Es ist die Verheißung, daß wir, die wir im Welt-Ich dahinleben, darin wir uns und die Welt nur »haben«, des Überweltlichen, das wir s i n d, als unserer wahren Natur inne zu werden vermögen, wenn wir die trennende Wand durchstoßen. »Erkennen« heißt dann nicht, daß wir nun das, was wir s i n d, als Objekt bewußt »haben«, sondern daß es uns *inne* wurde als Erfahrung unseres wahren Subjekts.

Zen ist nichts als Erfahrung: gesuchte Erfahrung, gemachte Erfahrung, bejahte Erfahrung, ernstgenommene Erfahrung, fruchtbar gemachte Erfahrung, bezeugte Erfahrung! So ist auch das Wissen, das im Zen enthalten ist, nie ein gegenständliches Wissen (savoir), sondern ein Lebenswissen (connaissance). Sobald dies Lebenswissen sich in gegenständlichem Wissen niederschlägt, ist Zen verschwunden. Aber verstrickt in unserem Ich und benebelt von dem, was die »Tat« seines Bewußtseins uns an »Sachen« vormacht, sind wir von dieser Erfahrung getrennt. So leben wir im Irrtum dahin und leiden, bis einmal das, was wir im Wesen sind, einschießt in das, was wir haben, und alles in einem neuen Glanz aufleuchtet und da ist. Dann hat der göttliche Pfeil getroffen, und in seiner Wunde entzündet sind wir, vom großen Heimweh gezogen, zum »Eingehen« bestimmt. Fügen wir uns dem Zug, dann befinden wir uns auf der S u c h e. Wir suchen den »Weg« und »nicht wissend den Weg, gehen wir den Weg, mit geöffneten Händen, mit geöffneten Händen...«[3]. Und dann begegnet uns einer, der uns am Suchen erkennt und an dem wir uns als Sucher erkennen. Vielleicht ist es einer, der in der Welt genau in diesem Augenblick auf uns zukommt. Vielleicht ist es nur der Meister in uns.[4] Wenn wir ihm folgen, kann es einmal geschehen, daß das Große Licht in uns aufgeht. Wir verglühen und erstehen zum *Weg*. Und das erst ist dann der große W e g z u r V e r w a n d l u n g, der selbst auch das Ziel ist und ohne Ende.

Was ist nun eigentlich die Erfahrung, die Große Erfahrung, die allem, was Zen ist, zugrunde liegt, um die sich alles, was Zen ist, dreht, die in seinen Übungen vorbereitet wird, in anderen Übungen zu einer neuen Verfassung Gestalt gewinnt und dann zur Bezeugung gebracht wird im Kämpfen, im Gestalten und Lieben? Diese Frage läßt uns nie los, und wir stellen sie auf jeder Stufe des Erkennens aufs neue. Er ist die Erfahrung des Wesens, darin das Sein ins Innesein tritt. Es ist die Erfahrung des Seins in der Weise des eigenen Wesens. Es ist die Erfahrung des Seins, das wir sind, jenseits aller Begriffe und Bilder von dem, was wir bewußt »haben«. Es ist die Erfahrung des Seins, an dem wir alle teilhaben, in dem wir uns begegnen können als Brüder oder Schwestern im Sein, in dem wir verstehen können jeweils alle Sprachen und »Religionen«, das Sein, in dem wir einander erkennen können in der gleichen Fülle, dem einen Licht, der einen Liebe.

Man kann das S e i n nicht erfahren, wie man einen Baum, ein Ding, einen Menschen erfährt, wo wir sie gegenständlich, als ein anderes und von uns Unterschiedenes wahrnehmen. Man kann das Sein und das Wesen nur als Innesein verspüren. Aber wie kann man etwas im Innesein »erfahren«, ohne es doch als »etwas« bewußt zu haben? Denn ohne »Bewußtsein« gibt es ja kein Erfahren! Also ist es Erfahrung in einem

[3] Altindischer Spruch.
[4] Vgl. K. Graf Dürckheim, *Der Ruf nach dem Meister. Der Meister in uns.* Weilheim: O. W. Barth-Verlag 1972.

anderen Sinn und ein ganz anderes Bewußtsein. Nur in diesem ganz anderen Bewußtsein gibt es ein Innewerden des *Lebens*. Ohne diese Erfahrung kann sich das Leben, das wir als Menschen sind, nicht zu dem, was es eigentlich ist, vollenden. »Das Leben kann niemals vollendet werden, es werde denn in seine offenbare Ursache gebracht, in der Leben Sein ist, das die Seele empfängt, wenn sie bis in den Grund stirbt, auf daß wir leben in jenem Leben, in dem das Leben Sein ist.« (Meister Eckehart[5]) Um diese Erfahrung also geht es. Um die Erfahrung des Lebens, in dem das Leben Sein ist, noch und immerdar Sein ist und noch nicht dem Sein entfremdet in einem Bewußtsein, das aus der ungeschiedenen Fülle des Seins, das man »ist«, das Viele macht, das man »hat«. Und so gewiß der Mensch, weil er ein Mensch ist, ohne dieses Bewußtsein kein Mensch wäre und sich auch nie dieses Bewußtseins entledigen kann — wenn es allein ihn beherrscht, bleibt er verstrickt im Wahn des Habens und Haftens und gelangt nicht in die Wahrheit des Seins. Das Bewußtsein, das den Menschen vom Tier unterscheidet, trennt ihn, wenn es sich absolut setzt, von Gott. So lebt er im Wahn und hält dann den für verrückt, der, zum ersten Male vom Sein ergriffen, alles ver-rückt sieht und sich entsprechend gebärdet, solange bis er entweder wieder in den Wahn des »Normalen« zurückkehrt oder am Ende das Sein auch i m Haben entdeckt hat und auch als Ich in der Welt im Innesein bewahrt. Die Große Erfahrung[6] ist also das Erwachen aus dem Wahn der Alleinherrschaft des gegenständlichen und gegensätzlichen Bewußtseins, die Befreiung vom Bann seiner Ordnungen und vom Zwang, nicht nur im Ordnen und Meistern der Welt, sondern auch im Umgang mit dem Lebendigen und auf der Suche nach der Wahrheit gegenständlich und in Gegensätzen zu denken. Die Befreiung vom Wahn ist die Befreiung aus dem Bann des gegenständlichen Denkens, und das bedeutet, aus der Herrschaft des *Dualismus*. So geht es auf dem Weg zur Befreiung darum, das diskursive Denken zum Schweigen zu bringen, und ernst zu nehmen, was aus und in diesem Schweigen jenseits des sich in Gegensätzen bewegenden Denkens aufgeht.

---

[5] Meister Eckehart, *Deutsche Predigten und Traktate.* Hrsg. v. J. Quint. München: C. Hanser Verlag 1955.
[6] Vgl. K. Graf Dürckheim, *Im Zeichen der Großen Erfahrung.* Weilheim: O. W. Barth-Verlag 1951 (Neuauflage: München 1974).

Wer der Wahrheit tiefsten Sinn noch nicht kennt,
Müht sich ab in vergeblichem Grübeln.
Dein Denken laß schweigen —
Darauf kommt es an!
Bleibe nicht stehen
Bei gegensätzlichen Gedanken;
Ihnen nachzujagen und sie zu suchen,
Davor hüte Dich!
Wer vom Gegensätzlichen
Nur einen Hauch beibehält,
Dessen Geist bleibt verworren.

> Aus: Shindjin-mej (Stempel des Glau-
> bens)[7] vom 3. Patriarchen Szôszan

Zen ist die Lehre vom Sein, das jenseits aller Gegensätze
ist, vom Sein, in dem es kein Vorher, kein Nachher, kein Hier
oder Dort, kein Dies und kein Das gibt, »kein Hinz und kein
Kunz« (Meister Eckehart). Das ist die Klippe, die Zen für den
denkenden Menschen bedeutet, besonders für den Abendländer, der von seinem gegenständlichen Denken beherrscht ist,
und für den gläubigen Christen, der glaubt, ohne den Dualismus nicht auskommen zu können. Einst sagte mir ein christlicher Priester: »Sie dürfen alles schreiben, solange darin nicht
der Dualismus aufgehoben wird.« Warum sagte er das? Weil
für ihn die »Aufhebung« des Dualismus gleichbedeutend war
mit »Monismus« und die Aufhebung der Distanz zwischen
Mensch und Gott zur Folge hätte. Gott und Mensch fielen
dann in eines zusammen, und damit käme ein Eckpfeiler des
Christentums ins Wanken. Ist das wirklich so? Es ist so, wenn
man eine Äußerung über das, was als Einheit im ungegenständlichen Erleben erfahren wird, auf die Ebene des gegenständlichen Bewußtseins projiziert und dann als Identität versteht und fixiert. Dann nämlich bedeutet die Lehre des Nicht-
Dualismus die Lehre von einem gegenständlich begriffenen
»Einen«, darin wir alle ein und dasselbe sind und auch Mensch
und Gott eins. Das »Eine« wird dann als ein »Etwas« verstanden, in dem alle Unterschiede aufgehoben sind und alles ein
und dasselbe ist, auf das Verhältnis von Mensch und Gott
bezogen, ohne Zweifel eine Blasphemie. Wer aber Zen diese
Blasphemie unterschiebt, der hat die entscheidende Aussage

[7] Sh. Ohazama — A. Faust, a.a.O., S. 64.

des Zen nicht verstanden — und er kann sie nicht verstehen, solange er von seinem Stand im gegenständlichen Bewußtsein nicht loskommt. Die Erfahrung des Seins *ist* die Erfahrung der coincidentia oppositorum. Wenn der Schleier des Wahns fällt, darin unser gegenständliches Bewußtsein mit seiner gegenständlichen und gegensätzlichen Wirklichkeitsvorstellung uns festhält, öffnet sich uns das Sein als übergegensätzliche Fülle, Gesetzlichkeit und Einheit. Das alles wird über jeden Zweifel hinaus erlebt, geschmeckt, gespürt. Dieses mitzuteilen ist aber keine ontologische Aussage, sondern eine Erlebnisbeschreibung. Das eigene Wesen wird als eine Weise dieser Einheit, die Einheit in der Sprache des Wesens erlebt. Jeder Gegensatz von Ich und Etwas, von Ich und Du, also auch von Ich und Gott ist übergriffen und aufgehoben im Erlebnis der Einheit. In diesem Erlebnis gibt es kein »Zwei«. Damit ist aber für den Menschen, insofern er ja auch weiterhin in seinem Ich lebt und als Ich »sieht«, der Dualismus keineswegs vernichtet, aber, obwohl er für das Bewußtsein des Welt-Ichs weiterbesteht, auf eine andere Ebene gehoben. Das Gottes b i l d , darin Gott bei zunehmender Herrschaft des gegenständlichen Bewußtseins zu einem vorgestellten Gott wurde, tritt zurück, und gerade der, der als die einzig wahre Wirklichkeit die ihn mit einschließende göttliche *Einheit* erfuhr, fühlt, wenn er wieder im Ich steht, den Gegensatz zwischen sich, als dem aus der *Einheit* wieder Herausgefallenen, und Gott, als dem *All-Einen*, um so tiefer. Zugleich fühlt er sich nun aber Ihm als einem Du in einer Tiefe verbunden, die eine trennende Fixierung in einem nur vorgestellten Gottesbild verbietet. Gott bleibt nun jenseits aller Vorstellungen und Begriffe. Der Zweifel, der allein zur Ichsicht gehört, hat keine haltbare Wurzel mehr, und aus der erfahrenen Einheit im Unbegreifbaren bricht jener echte Glaube auf, den der am Unbegreiflichen sich entzündende Zweifel nicht mehr berührt. Das ist ein Glaube, den vorher nur der besitzt, der trotz seines Standes im Welt-Ich im Grunde noch in der Einheit gelebt hat, mit der zunehmenden Herrschaft seines gegenständlichen Bewußtseins diese außer Sicht und damit auch seinen Glauben verlor. So kann die Große Erfahrung, die Zen meint, für alle die, die ihren Glauben verloren und nie mehr in ihren alten Glauben zurückkönnen, das Tor zum wahren Glauben werden, auch des christlichen. Aber freilich, diese Erfahrung ist kein Privileg des Buddhisten!

Die Grunderkenntnis ist immer die gleiche: daß sich für das menschliche Bewußtsein am feststehenden Bewußtseinszentrum des Ichs der Strom des Lebens aufspaltet, »entzweit«. Das eine Licht des Lebens wird gebrochen und erscheint dem Menschen aufgespalten in die Gegensätze, immer dem Ich-Prisma entsprechend, durch das es im Bewußtwerden hindurch muß. Wo das ursprüngliche Lebensbewußtsein sich zum Ich-stand-Gegenstand-Bewußtsein entzweit, dort präsentiert sich das Leben notwendig in Gegensätzen wie: vorher — nachher, hier — dort, Vergehen — Bleiben, relativ — absolut, Geist — Materie etc. Insofern der Mensch sich nun selbst ganz und gar mit diesem Ich identifiziert, ist es natürlich, daß er unter allem leidet, was sein persönliches Feststehen bedroht. Und es ist gleichfalls natürlich, daß das Sein, das im Gegensatz zum raumzeitlich bedingten, vergänglichen Dasein erlebt wird und Bestand und Ordnung des Ichs in Frage stellt, als das Unbedingte, Überdauernde, Bleibende, alle Grenzen Überschreitende vorgestellt wird. Diese dem ich-bedingten Denken entspringende Vorstellung des Absoluten ist aber nur vom Ich-Stande aus begründet. Das Absolute wird hier nicht nur dem Grundschema des Ich-Denkens eingeordnet, sondern wie alles Erlebte und Gedachte dem Menschen als »etwas«, das er bewußt »hat«, gegenübergestellt. Wo dies geschieht, wird das statische Ich und die ihm zugeordnete Bewußtseinsform noch einmal zum großen Verhüller des göttlichen Seins. Indem es uns eine Wirklichkeit vor-stellt, die wir dann bewußt »haben«, werden wir in dem Maße, als wir uns mit dem fixierenden Ich identifizieren, um die divine Wirklichkeit betrogen, die wir nie bewußt »haben« noch in gültiger Weise gegenständlich vorstellen können. So fallen wir in den Zweifel, der immer Ausdruck ist des Verlustes der großen Einheit im Grunde, d. h. der Einheit, die uns in der Großen Erfahrung innewird. Was aber zwingt denn den Menschen, das in ihr mit Evidenz und ohne jeden Zweifel Erfahrene einer Wirklichkeitssicht zum Opfer zu bringen, die im fixierenden und unterscheidenden Ich wurzelt? Doch nur, daß er den Bann ihrer Vorherrschaft nicht abschütteln kann. Was zwingt den, der die Große Erfahrung besitzt, sich vor dem Mißverständnis zu beugen, in dem diejenigen verharren, die die Erfahrung nicht kennen oder, wenn sie sie kennen, nicht den Mut haben, zu ihr zu stehen? Nur die Angst, die aus der Verwechslung der esoterischen Erfahrung mit ihrer exoterischen Fehlinterpretation kommt! Wer aber die in der mystischen Erfahrung erlebte *Einheit* dann selbst wieder von seinem gegenständlichen Erleben her als eine Einheit und Gleichheit versteht und mit Entsetzen abwehrt, der hat eben das, was ihm als Gnade widerfuhr, nicht verstanden. Er stellt die gedachte, das heißt, dem rationalen Erkennen zu verdankende und seinem Gesetz unterworfene Wirklichkeit grundsätzlich höher als die erlebte.

Gewiß bleibt auch der Mensch, der die übergegensätzliche Einheit erfuhr, zeitlebens an sein in Gegensätzen denkendes Ich gebunden. Aber wenn das Sein Inne-Sein wurde, dann ist auch das, was er von diesem Ich her wieder in gegenständlicher Sicht wahrnimmt, von Grund auf verwandt. Denn fortan kann er die Gegensätze, auch den Gegensatz Mensch-Gott, als die Weise verstehen, in der die Einheit des Grundes sich im Spiegel des Ichs darstellt. Und er kann im existentiellen Erleben erfahren, wie der Abstand auch zum gegenständlich »Anderen«, was es auch sei, aufgehoben ist in der B e g e g - n u n g mit einem Du, in dem sich die fortwirkende Präsenz der *Einheit* bekundet. So ist auch dem, dem Gott gegenwärtig ist in echter Begegnung, auch wo er ihn von seinem Ich her im größten Abstand empfindet, das *Eine* präsent, das er in seinem Wesen erfuhr. Die unüberbrückbare Kluft, die zwischen Mensch und Gott sowohl für das gegenständlich wahrnehmende Ich besteht wie für den Menschen, der aus seinem Glauben heraus meint, die absolute Distanz wahren zu müssen, ist überbrückt.

Die Lehre vom NICHT-ZWEI

> Glauben ist Nicht-Zwei.
> Nicht-Zwei ist Glauben dessen,
> Das unaussagbar ist.
> Vergangenheit und Zukunft,
> Sind sie nicht
> Ein ewiges Jetzt?
>
> Shindjin-mej[8]

Ohne Zweifel, die Rede von dem »Einen« verleitet immer wieder zum großen Mißverständnis, und darum auch spricht Zen nicht vom Einen, sondern vom »*Nicht-Zwei*«.

[8] Sh. Ohazama — A. Faust, a.a.O., S. 71.

Mit Nicht-Zwei will Zen sagen: »Das Eine, von dem hier die Rede ist, ist nicht ein Etwas, das sich vom Nicht-Einen unterscheidet.« Sagt man also, Zen sei die Lehre vom Einen als von einem Etwas, das jenseits aller Gegensätze ist, in der Absicht, das in der Großen Erfahrung erfahrene *Sein* zu qualifizieren, so verfehlt man, was Zen eigentlich meint, denn das Sein läßt sich nicht qualifizieren.

Aus der beglückenden Erfahrung, in der der Mensch zum erstenmal ein Nicht-Gegensätzliches, Unraumzeitliches und Unbedingtes erfährt, droht ein weiteres Mißverständnis, nämlich: hier schon das wahrhaft Übergegensätzliche erfahren zu haben. Doch dies ist ein Irrtum. Die den Menschen aus dem Bann seiner Ich-Wirklichkeit befreiende Erfahrung des überraumzeitlichen Seins hat zunächst immer den Charakter von etwas Lichtem, Beglückendem, »Himmlischen«. Doch die Erfahrung lehrt, daß dem Aufgehen der Transzendenz als einer lichten Überwirklichkeit alsbald die Erfahrung einer dunklen Transzendenz folgt! So, als zeige der Teufel sein Gesicht erst dem, der einmal den Himmel geschaut, und als befähige erst die Erfahrung des Absolut Guten den Menschen zur Begegnung mit dem Absolut Bösen. Doch erst in der der Erfahrung des Dunklen folgenden Erfahrung des LICHTES, das jenseits von Licht und Finsternis ist, geht das wahrhaft übergegensätzlich EINE auf! Man nimmt das in der ersten Seinserfahrung als ungegensätzlich Erfahrene noch im Gegensatz zur Ich-Wirklichkeit, in der die Gegensätze herrschen. Man beweist damit, daß man den Standort des fixierenden und gegensätzlich unterscheidenden Bewußtseins noch nicht verließ. So war es die höchste Erkenntnis noch nicht, und es kann sie auch gar nicht geben, solange der Mensch noch in der alten Bewußtseinsform steht oder, wo er sie für einen Augenblick überwand, wieder in sie zurückfällt und an ihr als an der einzig gültigen festhält. Das Ungegensätzliche, das er von ihr aus wahrnimmt, ist noch nicht das Übergegensätzliche, das in der echten Erfahrung aufgeht, die Zen meint und Satori nennt.

Das *Sein*, das Zen meint, geht erst dann auf, wenn der Mensch erfährt, daß die ungegensätzliche und die gegensätzliche Wirklichkeit im Grunde eins, richtiger gesagt »nicht zwei« sind. Doch hört da nicht das Denkbare auf? Ohne Zweifel. Daß es aufhört, eingeklammert oder ausgeschaltet ist, ist ja die Voraussetzung für das Innewerden des im wahren Sinne Übergegensätzlichen. Wenn Zen also vom Nicht-Zwei spricht, so mutet er uns nicht eine Schlußfolgerung zu, aus der sich eine logische Unmöglichkeit als logische Konsequenz ergibt, sondern spricht von einer dem Menschen jenseits aller Denklogik möglichen Erfahrung.

Die Große Erfahrung ist gerade nicht die endgültige Verneinung der dualistischen Sicht, sondern die Erfahrung der Versöhnung zwischen dem nicht-dualistischen und dualistischen Denken. Denn diese Versöhnung tritt dort notwendig ein, wo der Mensch, dem die echte Erfahrung zuteil wurde, das Ich als das Prinzip erfährt, daß nicht nur die *Einheit* aufspaltet und verstellt, sondern in dessen spaltendem Bewußtsein und gegensätzlich geordneter Welt die alles durchwirkende *Einheit* überhaupt erst ins Inne-Sein tritt. Die dualistische Sicht wird erkannt als die Weise, in der das über allen Dualismus erhabene Sein sich dem Menschen darstellen muß, insofern er sich mit seinem Ich-Stand und dessen Bewußtseinsform identifiziert. Dieses aber wird zum Verhängnis nur für den, der sich in ihr verhärtet. Doch jeder, der etwas von der Großen Erfahrung weiß, begreift die Welt-Sicht des fixierenden Ichs als das göttliche Geschenk an den Menschen; denn auf ihrem Hintergrund allein kommt das Sein erlösend und das Dasein ›erlöst‹ zum Bewußtsein.

Die Lehre vom Einen, das nicht »das« Eine ist, weil es nicht Etwas ist, sondern »Nicht-Zwei«, ist ein Kernstück des Zen. Immer wieder weist Zen darauf hin, daß dies wahre *Eine* nicht aufgegangen ist, solange wir dies noch einem anderen, das nicht das *Eine* ist, gegenüberstellen. So können wir auch nie fragen: »Was ist es?« Die Frage allein zeigt schon, daß wir auf dem Irrweg sind. Auch wenn wir es als das »Übergegensätzliche« oder »Überweltliche« oder als das »Sein« oder als die »Leere« dem Gegensätzlichen, dem Weltlichen, dem Seienden oder dem Vielen gegenüberstellen oder auch nur im Gegensatz dazu verstehen, ist »*Nicht-Zwei*« verschwunden. Weil wir jedoch, wenn wir davon reden, uns eines Wortes bedienen, so droht, sobald wir ein Wort gebrauchen und damit etwas bezeichnen, das Mißverständnis. Nun begegnen wir aber dem Nichtgegensätzlichen im konkreten Zusammenhang unseres Erlebens zunächst immer auf dem Hintergrund einer Gegensätzlichkeit, aus der wir kommen, z. B. aus dem Gegensatz von viel und nicht viel, arm und reich, stark und schwach, hell und dunkel, gut und böse, etwas und nicht etwas. Diesen

Gegensätzen gegenüber nennen wir das Nichtgegensätzliche, das jenseits von viel oder nicht viel, etwas und nichts etc. ist, »Leere«. Dann aber hat das Wort »Leere«, obwohl wir damit ein übergegensätzliches Erleben meinen, doch selbst wieder einen gegensätzlichen Sinn. Dieses Verhängnis des Wortes hat Zen ständig vor Augen. Und daher stammt auch seine Wortscheu. Die Leere, die wir als solche bezeichnen — und nur im Gegensatz zur Nicht-Leere können wir sie als solche bezeichnen — ist die wahre *Leere* noch nicht. Die wahre *Leere* erfüllt unser Innesein erst, wenn auch dieser Gegensatz nicht mehr da ist. Wenn wir für das, was nun im Innesein ist, wieder das Wort Leere gebrauchen, so ist etwas völlig anderes gemeint als vorher. (Darum schreiben wir es LEERE.) Gewiß, das ist ein verwirrender Zustand und die Wurzel immer neuer Mißverständnisse, in die wir auch beim Lesen von Meister Eckehart geraten, wenn er von Gott spricht. Meint er mit »Gott« die Gottheit, »die so hoch über Gott ist wie der Himmel über der Erde«, die Gottheit also, die jenseits aller Gegensätze, auch des Gegensatzes Ich-Gott ist, oder meint er den Gott, der »entwird, wenn das Ich entwird«? Ebenso muß man auch beim Lesen zenbuddhistischer Texte immer genau hinsehen, was gemeint ist. Doch selten nur meint Leere hier etwas anderes als LEERE.

Was für die Leere gilt, gilt auch für die *Liebe*, die jenseits von Liebe und Haß ist, vom *Rechten*, das jenseits von Recht und Unrecht ist, vom *Leben*, das jenseits von Leben und Tod ist, vom *Sein*, das jenseits von Sein und Nicht-Sein, von Form oder Nicht-Form, von Gestalt oder Gestaltlosigkeit ist, vom *Licht*, das jenseits von Dunkel oder Nicht-Dunkel ist etc. Der Umschlag in das, was als LEERE, LIEBE, RECHT, SEIN, LICHT aufgeht, geschieht erst, wenn das gegenständliche und gegensätzliche Bewußtsein völlig im inständlichen Bewußtsein aufgehoben ist.

Es gibt eine Liebe, die zwar schon jenseits von Liebe und Haß ist, wie etwa das, was man christliche Liebe nennt, die ebenso dem zufließt, der uns sympathisch, wie dem, der uns unsympathisch ist, dem Feind nicht weniger als dem Freund. Aber diese übergegensätzliche Liebe steht selbst noch im Gegensatz zu jener Verfassung, in der ich zwischen Liebe und Nichtliebe hin- und hergerissen bin. Die LIEBE aber, die wirklich jenseits der Gegensätze ist, liegt der Nichtliebe nicht weniger zugrunde wie der Liebe und ebenso dem Hin und Her zwischen beiden. Erst das, was aus d i e s e r Liebe spricht, ist *Nicht-Zwei* oder Sein, das man auch nicht mehr »das« Eine, »das« Nicht-Zwei, »das« Sein nennen darf; denn es ist kein Etwas, macht aber als das Große Unsagbare, als Sein, das Ur und Ende, das A und O, das *Wesen* aller Dinge aus.

Wo immer Sein im Innesein »hervortritt«, nimmt es verschiedene Gesichter an und geht, je nachdem aus welchem Gegensatz der Mensch herkommt, als *Liebe, Leere, Leben, Wahrheit, Wirklichkeit* auf. Das ist das letzte Geheimnis, das zu uns nur spricht, wenn wir es in der Leere empfangen und im Schweigen bewahren. In allem aber geht immer nur das *Eine Nicht-Zwei* auf. — Und so spürt jeder, der es erfuhr, dieses eine einzige *Eine* in allen Erscheinungen des Lebens. Im Grunde läßt sich darüber nichts sagen — und doch wird der Mensch immer wieder fragen, was er darunter »verstehen« soll. Um einmal dann zu begreifen, daß Schweigen die letzte Antwort auf diese Frage ist.

So wandte sich auch Vimalakirti an alle versammelten Bodhisattvas und sprach: »Ihr Herren, wie kann ein Bodhisattva in die Nicht-Zweiheit eintreten?«[9]

Da war in der Versammlung der Bodhisattvas einer namens Dharmesvara, welcher also begann: »Ihr Herren, Werden und Vergehen bilden eine Zweiheit. Im Grunde genommen sind die Dinge nicht geworden und können folglich auch nicht vergehen. In diese Wahrheit vom Gesetze des Nicht-Werdens eindringen, das heißt eintreten in die Nicht-Zweiheit.«

Der Bodhisattva Gunagupta sagte: »Ich und Mein bilden eine Zweiheit. Weil es ein Ich gibt, gibt es auch ein Mein. Gäbe es kein Ich, dann gäbe es kein Mein. Wem das aufgeht, der wird eintreten in die Nicht-Zweiheit.«

Der Bodhisattva Gunasiras sprach: »Reinheit und Unreinheit bilden eine Zweiheit; wer in die wahre Natur der Unreinheit eindringt, der sieht, daß es weder Reinheit noch Unreinheit gibt; und so folgt er der nirvanischen Reinheit. Wem das aufgeht, der wird eintreten in die Nicht-Zweiheit.«

Der Bodhisattva Sunetra sprach: »Gestalt und Gestaltlosigkeit bilden eine Zweiheit. Wer in der Gestalt die Gestaltlosigkeit der Dinge geschaut hat, der wird, ohne an der Gestalt-

[9] Aus dem *Sutra Vimalakirti*. Übersetzt von Jakob Fischer und Yokota Takezo. Tokyo: Hokuseido Druckerei. Auszug aus dem IX. Kapitel.

losigkeit zu hängen, eingehen in die Gleichheit. Wem das
geht, der wird eingehen in die Nicht-Zweiheit.«

Der Bodhisattva Pusya sprach: »Gut und Nicht-Gut bilde
eine Zweiheit. Wenn jemand das Gute und das Nicht-Gute
nicht denkt, so gelangt er zur Haltung des Nicht-Unterscheidens und zur Erkenntnis der Wahrheit. Wem das aufgeht, der
geht ein in die Nicht-Zweiheit.«

Der Bodhisattva Simha sprach: »Sünde und Tugend bilden
eine Zweiheit. Wenn jemand die Natur der Sünde vollends
versteht, dann wird er auch verstehen, daß sie nicht verschieden ist von der Tugend. Wenn das aufgeht, der tritt ein in die
Nicht-Zweiheit.«

Der Bodhisattva Narayana äußerte sich folgendermaßen:
»Weltlichkeit und Überweltlichkeit bilden eine Zweiheit. Wenn
jemand erkennt, daß die Natur der Weltlichkeit nichtig ist,
findet er die Natur der Überweltlichkeit. Hier gibt es weder ein
Eintreten noch ein Austreten, weder ein Überfließen noch eine
Zerstreuung. Wem das aufgeht, der tritt ein in die Nicht-
Zweiheit.«

Der Bodhisattva Sadhumati meinte: »Samsara (der Kreislauf der Wiedergeburt) und Nirvana bilden eine Zweiheit.
Wenn nun jemand die Natur des Samsara versteht, dann weiß
er, daß es weder ein Samsara noch Gebundenheit noch Befreiung noch Erlöschen gibt. Wem das aufgeht, der tritt ein
in die Nicht-Zweiheit.«

Der Bodhisattva Pratyaksa sprach: »Die Vernichtung und
die Nicht-Vernichtung bilden eine Zweiheit. Wenn alle Dinge
in ihrem Wesen weder vernichtet noch nicht vernichtet werden, dann gibt es auch keine Gestalt einer Vernichtung, und
wenn es keine Gestalt einer Vernichtung gibt, so ist das die
Leere und diese hat weder die Gestalt einer Vernichtung noch
die einer Nicht-Vernichtung. Wer in diesen Bereich der Wahrheit gelangt, der tritt ein in die Nicht-Zweiheit.«

Der Bodhisattva Vidyuddeva meinte: »Wissen und Nicht-
Wissen (Erleuchtung und Irren) bilden eine Zweiheit. Die
wahre Natur des Nicht-Wissens aber ist Wissen. Wissen ist
nicht erfaßbar, weil es fern aller Unterscheidung ist. Jemand,
der in diesem Glauben verweilt und frei ist von dem Gedanken der Zweiheit, der wird eintreten in die Nicht-Zweiheit.«

Der Bodhisattva Punyaksetra sprach: »Verdienstvolle Handlungen oder sündhafte Handlungen oder Handlungen, die
jenseits dieser Unterschiede sind, bilden eine Zweiheit. Die

Natur dieser drei Handlungen ist an sich leer; wenn sie leer ist, dann gibt es im Grunde weder verdienstvolle Handlungen noch sündhafte Handlungen noch indifferente Handlungen. Wem das aufgeht, der tritt ein in die Nicht-Zweiheit.«

Der Bodhisattva Puspavyuha sprach: »Aus dem Ich entsteht die Zweiheit; wer die wahre Natur des Ich versteht, in dem wird der Gedanke der Zweiheit sich nicht vorschieben; wenn man in keiner von beiden dieser Zweiheit verharrt, dann hat man weder Bewußtseinssubjekt noch Bewußtseinsobjekt und man tritt ein in die Nicht-Zweiheit.«

Der Bodhisattva Srigarbha sprach: »Die Erscheinungen des Haftens und des Nicht-Haftens an den Dingen bilden eine Zweiheit; wenn es kein Haften an den Dingen gibt, dann gibt es auch kein Nehmen und Aufgeben. Wer das versteht, der tritt ein in die Nicht-Zweiheit.«

Der Bodhisattva Ratnamudrahasta sprach: »Nach dem Nirvana und nach der Welt verlangen bilden eine Zweiheit; wenn man nicht nach dem Nirvana verlangt und der Welt nicht überdrüssig wird, dann gibt es keine Zweiheit mehr; und warum? Wenn es ein Gebundensein gibt, dann gibt es auch eine Befreiung; wenn es aber ursprünglich kein Gebundensein gibt, wer wird dann noch nach Befreiung verlangen? Wenn es weder ein Gebundensein noch eine Befreiung gibt, dann gibt es keine Freuden (am Nirvana) noch Überdrüssigkeit (an der Welt). Wem das aufgeht, der tritt ein in die Nicht-Zweiheit.«

Der Bodhisattva Manicudaraja antwortete: »Rechtschaffenheit und Falschheit bilden eine Zweiheit. Wer in der wahren Rechtschaffenheit verweilt, der macht keinen Unterschied zwischen Rechtschaffenheit und Falschheit. Wer frei ist von dieser Zweiheit, der tritt ein in die Nicht-Zweiheit.«

Der Bodhisattva Satyapriya sprach: »Realität und Nicht-Realität bilden eine Zweiheit. Wer Realität erkennt, der sieht sie nicht, und um wieviel mehr ist dann die Nicht-Realität nicht zu sehen. Und warum? Realität kann man mit dem fleischlichen Auge nicht sehen, sondern nur mit dem Auge der Weisheit, und in diesem Auge der Weisheit gibt es kein Sehen, das im Gegensatz stünde zu einem Nicht-Sehen. Wem das aufgeht, der tritt ein in die Nicht-Zweiheit.«

Nachdem so alle Bodhisattvas ihre Ansichten geäußert hatten, fragten sie Manjustri: »Was versteht man unter dem Eintritt eines Bodhisattva in die Nicht-Zweiheit?« Manjustri erwiderte: »Meine Ansicht ist die, daß man hierzu weder etwas *sagen noch erklären, weder etwas darstellen noch erkennen kann; es steht also außerhalb jeder Diskussion. Wem das aufgeht, der tritt ein in die Nicht-Zweiheit.«*

Dann sprach Manjustri zu Vimalakirti: »Jeder von uns hat nun seine Ansicht dargelegt, und ich möchte gerne, daß auch Sie, o Herr, uns erklären, wie Sie sich den Eintritt eines Bodhisattva in die Nicht-Zweiheit vorstellen.«

Vimalakirti ging in den Kreis,
k n i e t e   n i e d e r   u n d   s c h w i e g .

Das nennt man »das donnernde Schweigen des Vimalakirti.«
Und sie vernahmen die Antwort aus dem großen Schweigen.

Wer weiß bei uns um die Kunst des rechten Hörens, das das Schweigen zum Sprechen bringt? Die Weisheit des Ostens steigt aus dem Schweigen. So auch die Weisheit des Zen. Und Zen lehrt uns auch die Kunst des rechten Hineinhorchens in das Schweigen des Seins, das uns auch mitten im Lärm dieser Welt in die Wahrheit ruft.

> Unmöglich ist es, die Wesens-Natur zu ergreifen
> Oder etwas von ihr zu verwerfen.
> Nur in dieser Weise läßt
> Sich erreichen die Mitte
> Des Unerreichbaren.
> Es schweigt, wenn es spricht;
> Und es spricht, wenn es schweigt.
> Weit offen steht das große Tor der schenkenden
> Wahrheit.

Shodoka[10]

Nicht-Verweilen im »Sein«

> Alles Zweierlei hängt ab vom Einen,
> Doch auch bei diesem allein darfst Du nicht Halt machen.
> Jage nicht nach dem fortwirkenden Sein,
> Und mache nicht Halt beim Nichtsein, dem leeren!
> Wenn du das Einzige findest
> Und den Frieden der Freiheit,
> Dann fällt von dir, ohne dein Zutun,
> Alles das ab.
> Will man, daß das Bewegte aufhöre,
> Um zurückzugehen auf das Ruhende,

[10] Sh. Ohazama — A. Faust, a.a.O., S. 83.

So ist, je mehr man nur auf dieses zurückgeht,
Nur um so mehr das Ruhende bewegt.
Denn wie sollte es angehen,
Daß man erfaßte
Das Einzige,
Solange man noch schwankt
Zwischen Einem und Anderem?
Wer es nicht versteht,
Das schlechthin Eine,
Der verliert auch seinen Gewinn
Aus dem Zweierlei.
Wer dem Sein nachjagt,
Dem entgeht es;
Wer hinter dem Nichts herläuft,
Dem kehrt es den Rücken zu.
Durch tausend Worte und
Tausend Gedanken
Bist du nur um so weiter von ihm geschieden.
Das Denken faßt nichts
Als wesenlose Hüllen.
Wenn auch nur einen Augenblick
Dein Denken dich berät,
So verlierst du dich im Leeren
Des Nicht-Etwas
Dessen Veränderung und dessen Vergänglichkeit
Gänzlich aus deinem Irrtum entsprungen sind.

Shindjin-mej[11]

Wo der Mensch an der Grenze seiner Macht und Weisheit scheitert und es vermag, den Tod, der ihn in tiefste Angst warf, und den Widersinn, der ihn in höchste Verzweiflung stürzte, und die Trostlosigkeit letzter Einsamkeit anzunehmen, da leistet er etwas, das sein Ich nicht vermag. Aber da gerade kann ihm die Gnade jener Erfahrung zuteil werden, in der er die Kraft und den Sinn und die Einheit aus dem *Sein* spürt und mit einem Schlage sich erlöst und zu neuem Leben befreit fühlt. Unbeschreibliches Glück. Die Angst, die Verzweiflung, die Verlassenheit sind geschwunden. Der Mensch fühlt sich in der Kraft, ist in Klarheit getaucht, in Frieden geborgen. Er schmeckt beglückt, was ihn zu sich selber befreit hat. Was wunder, daß er als Suchender glaubt, das sei die höchste Erfahrung gewesen. Aber daß sie es nicht ist, muß er bald schmerzlich erfahren.

Die Beglückung zergeht, die Kraft, in der er sich unvergäng-

[11] Sh. Ohazama — A. Faust, a.a.O., S. 64.

lich empfunden, der Sinn, der ihn über allen Unsinn hinaustrug, die Liebe, in der er die Verlassenheit nicht mehr spürte, all das vergeht, und schmerzlicher als zuvor fühlt er die ihn bedrohende Welt. Das Erleben, das ihn, wie er glaubte, aus aller Not hinaus trug, stürzt ihn in die Not noch tieferer Verzweiflung. Denn jetzt, nachdem er geschmeckt, was er vordem nur geglaubt, gehofft, geahnt hatte — ein unbegrenztes, unbedingtes, überweltliches Sein — wird er sich der Bedingtheit, Begrenztheit und Beschränktheit der Welt erst richtig inne, und nachdem er einmal das große Licht erfuhr, erscheint ihm alles Dunkle noch dunkler als vordem. Er sehnt sich zurück nach dem verlorenen Paradies, leidet mehr als zuvor unter der Welt, in die er gebannt ist und hat keinen anderen Wunsch, als das über alle Maßen Wundersame, das er erfuhr, wiederzufinden und, wenn er es fände, endgültig in ihm zu verweilen. Wie natürlich ist dieses Sehnen und wie deutlich verrät es doch auch, daß der Mensch sich noch im Reich der Gegensätze befindet und daß die Seinserfahrung, die er gehabt, noch nicht S a t o r i, die Große Erfahrung war, die Zen meint und verspricht. Das Erlebte ist in ihm als »etwas« stehengeblieben, das sich von dem, worin er jetzt wieder steht, über alle Maßen unterscheidet, und nun möchte er es wiederhaben, um es endgültig zu besitzen. Aber eben mit diesem Suchen jagt er einem Wahngebilde nach. Es lockt ihn die Vorstellung des Erfahrenen, doch wenn er sie wieder *haben* will, verhindert er sie; denn da ist nichts zu »haben«. Es geht um Verwandlung im Sein. So gibt es auch das Untertauchen in einer tiefen Schicht unserer Seele, das unfruchtbar bleibt, wo es sich zum bloßen Genuß einer wohligen Leere auswächst.

»Wenn du in eine Versenkung gerätst, so schön, daß es dich gelüstet, für ewig darin zu verweilen, dann reiße dich los!«, sagt Meister Eckehart, »und ergreife das Nächste, das zu tun ist, denn das sind schmelzende Gefühle, sonst nichts!« Schmelzende Gefühle! Das ist die ewige Versuchung auch derer, die es mit einem künstlichen Mittel versuchen. Jeder mit einem Rauschgift erreichte Glückszustand ist eben ein Zustand, der nach Wiederholung verlangt, und selten nur erweckt er das neue Gewissen, das in jeder echten Seinserfahrung aufgeht: der verpflichtende Ruf zur Verwandlung und Übung, um am Ende der zu werden, der endgültig im Erfahrenen wurzelt. Drogenerfahrung ist illegitime Erfahrung, wo und weil ihr keine gewissensbildende und verwandelnde Kraft innewohnt. Wird sie wiederholt und zur Sucht, dann erzeugt sie eine Regression, die die Höherentwicklung verhindert.

Wer zum W e g berufen ist, dem wird die Welt, in der er als »natürlicher Mensch« lebt, immer wieder zu eng. Er kann sie nur überwinden, wenn er voranschreitet und über sie hinauswächst. Er kann von der Last, die ihm sein Welt-Sein bedeutet, nur frei werden, wenn er sich nicht aus der Welt stiehlt, sondern in ihre innere Weite durchstößt. Dazu aber bedarf es einer anderen Erfahrung, die nur der macht, der, gesegnet mit der Erfahrung der überweltlichen »Einheit«, sie in und mit der Welt wiederfindet. Nur wer in der Erfahrung erkannte, was ihn von dieser Einheit trennt und das Trennende dann als das Feld der Bezeugung gewinnt, »versteht«.

Das Aufgehen des inneren Auges

Solange wir im Bemühen zu verstehen, was Zen meint, *Sein, Leere, Nicht-Zwei* s a g e n, droht, wenn wir uns dabei etwas denken, immer noch das kardinale Mißverständnis, daß das Bewußtsein, das versteht, im Grunde das gleiche sei als das, das vorher da war und das Verstehen ausschließt. Und in der Tat kann man, so scheint es, das »Unverständliche«, worum es am Ende geht, immer noch in einer Weise andeuten, die einen verständlichen Sinn gibt. Aber jede verständliche Darstellung — auch die, die wir hier versuchen — bringt alles in Gefahr; denn damit wird das Nirgendeinzuordnende wiederum eingeordnet oder zumindest angeschlossen in ein, wenn auch erweitertes System des Denkens.

Das, was wir auf dem Gipfel möglicher Denkbewegung zu fassen vermögen, ist im günstigsten Falle nichts als die Schale einer Frucht, die erst hervorbricht, wenn die Schale zerschlagen wird. Darum gilt es hier anzunehmen, was uns anzunehmen so schwer fällt: daß es sich bei der Großen Erfahrung nicht um die Entdeckung einer höheren Wirklichkeit durch das doch immer in der gleichen Bewußtseinsform bleibende Subjekt handelt, sondern um etwas, das erst mit dem Eingehen der alten und dem Aufgehen einer neuen Bewußtseinsform anhebt. Und da diese Weise der Bewußtseinsform, in der wir stehen, ja die Weise unseres Subjektseins bestimmt, kann man auch sagen: Das Aufgehen dessen, worum es geht, hängt ab von einem neuen Subjektstand, oder noch richtiger gesagt: Es fällt mit der Geburt eines neuen Subjektes zusammen.

Das ist das ewige Mißverständnis, daß wir meinen, »Erleuchtung« bedeute, daß uns ein Licht aufgeht, kraft dessen wir etwas ganz Neues sehen, wir, die Alten, die wir waren. Auch das gibt es ohne Zweifel im Leben. So wenn wir plötzlich eine Erleuchtung im Hinblick auf ein Problem, eine Sache, einen Menschen haben und blitzartig alles klar wird, was vorher dunkel und unverständlich war, oder wir unerwartet etwas sehen, was uns soeben noch verstellt war. Das kann ein gewaltiges Erlebnis sein, wenn mit einem Male etwas erkannt wird, wodurch eine Unzahl unverständlicher Dinge in einen Zusammenhang rückt und alles nun einen Sinn hat und auf seinem Platz steht. So gibt es auch Erleuchtungen »über« den Zusammenhang aller Dinge. Mit einem Schlage hat der Mensch eine neue Weltanschauung, die seinen Geist zugleich beruhigt und neu beschwingt. Aber gerade das hat mit der Erleuchtung, mit dem E r w a c h e n , das Zen meint, nichts zu tun. Hier handelt es sich vielmehr darum, daß der Mensch nicht mit dem alten Auge etwas Neues sieht, sondern daß ein neues Auge ihm auch das Alte verwandelt. Dieses neue Auge ist etwas anderes als das alte Auge, dem ein Licht aufging. Erleuchtung meint nicht, daß das Eis um einen herum schmilzt, sondern daß man selbst in einen anderen Aggregatzustand kommt. Erleuchtung meint, daß der Mensch sich selbst und damit auch sein Sehen verwandelt und damit als ein anderer anders und so dann auch anderes sieht.

Die Erfahrung des Seins als des »Ganz Anderen«, so gewaltig dieses Erlebnis auch sein mag, ist noch nicht die Erleuchtung, noch nicht das Erwachen, noch nicht das Aufgehen des inneren Auges, noch nicht Satori. So groß auch die Wonne ist, mit der das Erlebnis des Seins uns beglückt, daß wir auf dem Hintergrunde der uns gegenständlich gegenwärtigen Welt als ein »Jenseits der Gegensätze« erfahren, sie ist doch nur ein Vorgeschmack des Erlebens der Großen Wahrheit. Das E i n g e h e n d e s I c h s i m W e s e n ist nur der erste Schritt, der zu nichts führt, wenn ihm der zweite nicht folgt: d a s A u f g e h e n d e s W e s e n s i m I c h .

Das innere Auge, wie Zen es versteht, geht erst dem auf, der in der Erfahrung des Seins die *Einheit* in und mit der Welt wiederfindet, also in ihr der Ich-Welt ansichtig wird zugleich als des Gehäuses, das ihn vom *Sein* trennt, wie als Offenbarungsraum des Seins, das auch ihr verborgenes »Wesen« ist und in ihr ans Licht drängt.

Im »Erwachen« tritt nicht nur das Sein ins Innesein, sondern es wird auch die Ursache seiner Verhüllung, die »Wurzel des Übels« von i n n e n geschaut. Das Aufgehen des inneren Auges ist zugleich und zunächst auch die Entlarvung des I c h s.

> Auf der Suche nach dem Erbauer dieses Gehäuses
> durchlief ich vergeblich den Kreislauf vieler
> Geburten.
> Und immer leidvoll ist die Geburt.
> Nun aber, Ersteller des Zeltes, bist Du erkannt,
> Du sollst es nicht wieder errichten.
> Alle Deine Sparren sind zerbrochen.
> Alle Rippen zerschmettert.
> Frei aller Bande, erlöst,
> Ist der Geist dort angelangt, wo alle Wünsche erlöschen.[12]

»Das Ungeheuer, der Baumeister, der Erbauer des Gefängnisses, erkannt, gesehen, ertappt und gefangen, hört endlich auf, sein fesselndes Netzwerk um Buddha zu weben.«[12a]

Diese Erkenntnis als erschütterndes Erlebnis inmitten der Großen Erfahrung ist etwas anderes, als die theoretische Erkenntnis, daß das fixierende Ich und seine Bewußtseinsordnung Verhüller des Seins sind; denn die im Satori e r l e b t e Erkenntnis des Ichs bringt zugleich die Befreiung von seiner Herrschaft. Nicht daß der Mensch nach diesem Erlebnis nicht mehr unter den einschränkenden Bedingungen des Ichs *leben* müßte, aber er *existiert* von woanders her. Er ist nicht mehr dem Ich und der in ihm verwurzelten Sicht sklavisch unterworfen und dem ihr entspringenden Leiden ausgeliefert.

Die Entlarvung des fixierenden Ichs als des großen Sünders und Sonderers und die Erlösung von ihm ist aber nur die eine Seite der im Satori aufgehenden Erkenntnis.

Das innere Auge blickt nach zwei Seiten. Es hält das Welt-Ich und das Wesens-Ich zugleich im Blick, und der Mensch,

---

[12] (Diese Hymne wird Buddha zugeschrieben, der sie z. Z. seiner Erleuchtung verfaßt haben soll.) D. T. Suzuki, *Der westliche und der östliche Weg*. Frankfurt–Berlin–Wien: Ullstein Verlag 1960, S. 48.
[12a] Ebd., S. 49.

dem das innere Auge aufging, sieht sein Welt-Ich nicht nur als die dauernde Gefahr für die Präsenz aus dem Wesen, sondern zugleich als Instrument der Offenbarung des Seins im raum-zeitlichen Dasein! Er weiß fortan, daß das Ich mit seinen statischen Begriffen, festen Bildern und Haltungen zwar immer wieder das wahre Leben verstellt, er weiß aber auch, daß nur im Leiden an der Ich-Welt und über die Verhüllung des Seins sich das Sein selbst offenbart. Ein Bewußtsein des übergegensätzlichen Seins kann es nur auf dem Hintergrund von etwas geben, das ihm widerspricht. Es ist der positive Sinn der statischen Ich-Wirklichkeit, daß auf ihrem Hintergrunde erst das Sein dem Menschen aufgehen kann.[13] Und wenn das innere Auge, das nach zwei Seiten blickt, aufgeht, winkt dem Menschen großer Gewinn aus der gegensätzlichen Welt als Erkenntnis: daß sie gerade im »Zweierlei« das *Eine* manifestiert und den Menschen gerade im Leiden am Zweierlei immer wieder zum *Einen* bereitet. Nur der also, den das Sein einmal so angerührt hat, daß er es vermochte, sich von ihm ergreifen zu lassen, ohne es halten zu wollen, der es »erkannte«, ohne es als ein »Etwas« zu fassen, der im Sein aufging, ohne in ihm zu versinken, und der von ihm nicht wieder als der A l t e ausging, sondern, das Erfahrene als ein Verwandelter ungemindert im Innesein bewahrend, zurückgekehrt ist in die Welt und nicht anders mehr kann, als sie vom Sein her und auf das Sein hin zu sehen und zu erschließen, erst dem hat sich die neue Sicht aufgetan. Als ein zu sich selbst aus dem Wesen Entbundener lebt er als der Verwandelte in der Welt der Verwandlung. Suzuki drückt das so aus: »Das Entlarvte ist unser relatives, empirisches Ich, und der von seinen einschränkenden Bedingungen befreite Geist ist das absolute Ich. Erleuchtung besteht darin, Einblick zu nehmen in den Sinn des Lebens als Widerspiel von relativem Ich und absolutem Ich. Mit anderen Worten: Erleuchtung ist, das absolute Ich im relativen Ich gespiegelt und es durch dieses hindurchwirken zu sehen. Oder wir können das Ganze auch so ausdrücken: Das absolute Ich bringt das relative Ich hervor, um sich in ihm, dem relativen Ich, gespiegelt zu sehen. Das absolute Ich, solange es absolut bleibt, verfügt über keine Mittel, sich zur Geltung zu bringen, sich zu manifestieren und all seine Mög-

---

[13] Vgl. K. Graf Dürckheim, ›Die transzendentale Bedeutung der Ichwirklichkeit‹ in: K. Graf Dürckheim, *Erlebnis und Wandlung*. Bern–Stuttgart: H. Huber Verlag 1958.

lichkeiten auszuspielen. Es braucht das relative Ich zur Erfüllung seiner Forderungen.«[14]

Die Erkenntnis des rechten Verhältnisses zwischen Sein und Dasein, zwischen der Wirklichkeit des absoluten Ichs und der gegenständlichen Welt des empirischen Ichs, bildet den Kern der Erleuchtung, die also nicht nur eine erlösende Sicht, sondern auch einen verpflichtenden Auftrag enthält. Die gegenständliche Welt wird zwar endgültig »transparent« auf das Sein hin, aber das Dasein in allem Sehen und Wirken transparent zu machen, es vom Sein her und auf das Sein hin wirklich werden zu lassen, ist zur eigentlichen Aufgabe geworden. Erst in der Geburt dieses neuen Gewissens zu einer neuen Welt, nicht nur in der Erlösung vom Bann der alten, erweist sich die Große Erfahrung als Satori.

Daß der Mensch wirklich von der Einheit im Grunde ergriffen ist, zeigt sich in dem Gefühl, mit der Welt und allen Menschen in der Tiefe eins zu sein, verbunden im Wesen; das heißt auch gemeinsam bestimmt, das zu werden, was wir vom Wesen her sind. Wir fühlen zueinander, was wir vom Wesen her sind, sein möchten und sollen: Brüder und Schwestern im Sein, einander zugesellt und aufgegeben, uns zu helfen, das, was wir eigentlich sind, zu spüren und uns ihm gemäß zu verwandeln, so daß das Unbedingte hindurchscheinen kann durch die Form, zu der wir unter den Bedingungen der Welt wurden. Hier brechen das echte Mit-Leiden und Mit-Gehen auf, die Impulse, dem anderen zu helfen, die Augen vom Schleier des Ichs zu befreien, das uns die Gegensätzlichkeiten seiner Sicht als wahre Wirklichkeit vorgaukelt. »Erleuchtung bedeutet nicht Flucht aus der Welt und, mit gekreuzten Beinen auf dem Gipfel eines Berges sitzend, ruhig auf die von Bomben geschlagene Menschheit blicken. Sie hat mehr Tränen, als wir uns das einbilden.«[15] So bedeutet Satori nicht ein seliges Vergehen im All-Einen-Sein, sondern bedeutet fortan das Sein im Dasein, das Wesen im Ich, das Unbedingte im Bedingten, das Göttliche in der Welt zu sehen, zu schaffen und zu bezeugen.

Satori bedeutet, daß mit einem Schlage die Welt uns neu geschenkt ist, in einem neuen Sinn und in einem neuen Glanz, als Verheißung und als Verpflichtung. »Die Wiesen sind wie-

[14] D. T. Suzuki, *Der westliche und der östliche Weg*, a.a.O., S. 50.
[15] D. T. Suzuki in: *Die Große Befreiung*. Weilheim: O. W. Barth-Verlag [6]1972.

der grün«, aber leuchten in einem tieferen Grün. Der Mensch ist wieder Mensch, aber in einem höheren Sinne Mensch und zu einem neuen Leben gerufen. Wo ist in alledem »Zen« dem christlichen Denken entgegengesetzt?

Was ist, wo Zen ist

Der Mond ergießt eine
Fülle des Lichtes über den Strom.
Leise atmen die Kiefern.
Wer führt diesen heiligen Abend
der ewigen Nacht entgegen?
Tief im Herzen trägt er das Siegel,
Die reine Perle der Buddha-Natur.[16]

Wo in einem Menschen geschah, was Zen meint, ist Leben *Leben* geworden. *Leben* ist ins Innesein des menschlichen Lebens getreten, ist Innesein geworden. Im Innesein des *Lebens* lebt der Mensch das gewöhnliche Leben von jedermann, das Leben im Fleisch (»Ich«) und in Raum und Zeit, aber er lebt es als ein anderer in anderer Weise und auf etwas anderes hin.

»Ganz gewöhnlich sein ist Zen und das Gegenteil sein, ist nicht Zen. Wieviel Zen du auch haben magst, dein tägliches Leben darf sich nicht von dem deiner Nachbarn unterscheiden. Der einzige Unterschied muß in deinem inneren Leben liegen.« Aber es ist Leben aus dem *Leben*. Das ursprüngliche Leben ist seiner selbst bewußt geworden. »Das ist aber nicht das dunkle Bewußtsein des Primitiven oder des Kindes, das auf Entwicklung und Erhellung wartet. Es ist im Gegenteil die Form des Bewußtseins, die wir nur nach Jahren eines harten Suchens erlangen können.«[17] Der Mensch, dem das innere Auge aufging, lebt wieder sein gewöhnliches Leben in Raum und Zeit, aber in Raum und Zeit ist das Überraumzeitliche drin. Als Ich gespannt zwischen Vergangenheit und Zukunft lebt der zum Sein Erwachte aus dem Wesen im ewigen Nun. Und weil er aus dem ewigen Nun lebt, ist Raum und Zeit verwandelt. Der Mensch leidet wie der gewöhnliche Mensch, aber irgendwo leidet er doch, als litte er nicht, und i n allem Leiden

[16] Sh. Ohazama — A. Faust, a.a.O., S. 79.
[17] Beide Zitate aus: D. T. Suzuki, *Leben aus Zen*. Weilheim: O. W. Barth-Verlag 1955.

an der Welt verläßt ihn die strahlende Heiterkeit nicht, die aus dem Grund kommt. Was ist also, wo Zen ist?

Vielleicht ein Lachen! Ein unbändiges Lachen, das zum Zerspringen bringt, was eben noch hielt. Vielleicht ein Zorn, der ganz unmittelbar, ichlos hervorbricht. Jede Gebärde, so selbstverständlich und frei wie der Flug eines Vogels, der sich spielend emporschwingt. Jedes Tun ist rasch und genau: Nur was nottut, sonst nichts! Wasserholen, wenn's brennt, und nichts als das! Essen, wenn man hungert, und nichts als das! Schlafen, wenn man schläft, und nichts als das. Schreiben, wenn man schreibt, und nichts als das. Alles in voller Präsenz, hellwach und aus der Mitte heraus, ohne einen Hauch zwischen Denken und Tun. Kein Ver-halten, sondern ein Zulassen des Lebens, das aus der Mitte kommt, unbehindert und leicht wie ein Flügelschlag, zielsicher wie ein Pfeil, der ins Zentrum trifft, unbeschwert wie der Schritt eines Tänzers, vernichtend wie ein Schwerthieb, präzise wie der Meißelschlag eines Meisters, lösend wie der Frühlingswind und immer durchsättigt von Liebe. Kein Haften, kein Haften an was es auch sei. Im tiefsten Innern still, auch mitten im Lärm. Jeder Augenblick frisch wie der Tau, tief wie ein Brunnen, in dem die Sterne sich spiegeln, und die ganze Ewigkeit drin. Mitschwingen mit allem Leiden der Welt und fraglose Hingabe auf dem Platz, auf den man in ihr gestellt ist. Schonungslos gegen sich selbst und zugleich unerbittlich gegenüber dem anderen, so wie es aus der das Gesetz bezeugenden Liebe kommt. In allem: die kraftvolle Gelassenheit, die ein Sterben gelehrt hat, die heitere Klarheit im Fühlen des Sinns, der auch den Unsinn miteinschließt, die glückhafte Geborgenheit in aller Verlassenheit dieser Welt.

> Gehen ist Zen,
> Sitzen ist auch Zen.
> Rede ich, schweige ich,
> Ruhe ich, eile ich:
> Dem Wesen nach ist alles
> Das Unbewegte.
>
> Shodoka[18]

---

[18] Sh. Ohazama — A. Faust, a.a.O., S. 77.

Ein berühmter Meister des Zen, nach dem Wesen des Zen befragt, verweigerte die Antwort. Zum Sprechen gedrängt, meinte er, was Zen sei, das wisse er nicht. Das könne man auch nicht sagen. Als ihm darauf entgegnet wurde, daß, wenn irgendeiner, er es wissen müßte, dafür sei die Menge seiner Schüler Zeugnis, beharrte er auf seiner Aussage, aber fügte schließlich hinzu: »Eine Beschreibung darüber, was Zen ist, unterscheidet sich vom wirklichen Zen ebenso wie eine Aussage darüber, wie es tut, wenn man seinen Finger in kochendes Wasser steckt, von der persönlichen Erfahrung, die man macht, wenn man es wirklich tut.« Was bedeutet diese Geschichte? Daß es Zen nur als persönliche Erfahrung gibt, und zwar als unmittelbare Erfahrung. Und doch bleibt die Aufgabe der Verkündigung oder Mitteilung der Lehre bestehen.

Die jeweils gewählte oder zulässige Darstellungsform der Lehre hängt immer ab von der Bewußtseinsebene derjenigen, die sie aufnehmen oder für die sie gedacht ist. Auch eine esoterische Erfahrung verträgt die gewöhnliche Sprache der geläufigen Bilder und des gesunden Menschenverstandes und also die exoterische Darstellung des Geheimnisses, wenn die religiösen Wurzeln der Menschen, zu denen gesprochen wird, noch unbeschädigt sind, ja womöglich das Charisma des Stifters noch in ihnen nachwirkt. Auch die exoterische Mitteilung einer postmentalen Erfahrung des Seins rührt dessen prämentale Anwesenheit an in Menschen, die der mentalen Seinsentfremdung noch nicht gänzlich verfielen, und so rührt sie uns, die wir auf der mentalen Ebene leben, noch ganz unmittelbar an, sofern wir selbst noch aus dem Urstand unseres Bewußtseins darauf ansprechen. Doch lesen wir eine religiöse Lehre mit den Augen unseres gegenständlichen Bewußtseins, so mag sie zwar unserer Logik einleuchten und auch unseren ethischen Vorstellungen entsprechen, aber ihr eigentlicher Sinn wird von uns verfehlt. Je mehr unser Wirklichkeitsbewußtsein auf die Ordnungen und in den Grenzen unseres rationalen Bewußtseins festgelegt ist, um so gewisser verfehlen wir den geheimen Sinn, wenn er uns in verständlichen Hüllen begegnet.

So ist alles Reden und Schreiben »über« Zen problematisch. Mit Recht sagt Alan Watts in seinem Buch über Zen[19]: »Wer

[19] A. Watts, *Vom Geist des Zen*. Basel: B. Schwabe Verlag 1956.

über Zen schreibt, muß zwei Extreme vermeiden: einmal, so wenig zu beschreiben und zu erklären, daß der Leser völlig verwirrt wird, und zum anderen, so viel zu beschreiben und zu erklären, daß der Leser meint, er verstünde Zen.« Und doch wird, solange es Zen gibt, versucht werden, die Zen-Erfahrung in die Einsicht zu erheben und diese Einsicht mitzuteilen. Es fragt sich nur, in welcher Weise dieses geschieht.

Die Lehre, die Zen uns vermittelt, ist zugänglich nur im steten Hinblick auf die Erfahrung, von der sie ausgeht und zu der Zen hinführt. Die Erfahrung, von der Zen spricht, ist über allen Zweifel erhaben, und so hat die Lehre des Zen auch Gültigkeit, sofern sie diese Erfahrung und ihre Voraussetzungen und Folgen zur Einsicht erhebt. Nimmt man die Einsicht des Zen aus dem Zusammenhang der Erfahrung heraus, dann sinkt sie in das Reich wesenloser Theorie und bestreitbarer Philosopheme zurück.

Der Mensch macht viele E r f a h r u n g e n, aber sie bringen ihn nicht weiter, wenn er sie nicht zur Einsicht erhebt. Zen hebt die tiefste Erfahrung des Menschen in die E i n s i c h t und stellt sie dar in der Lehre. Aber auch zur Einsicht erhobene Erlebnisse bleiben unfruchtbar, wenn nicht die Ü b u n g hinzukommt, die das zur Einsicht Erhobene verwirklicht. Nur die Übung, das harte Exerzitium, darin der Mensch sich anschickt, die Folgen aus der Einsicht zu ziehen, die er über die Erfahrung und ihre Voraussetzung gewann, führt ihn weiter. Und so ist Zen dreierlei: e r n s t g e n o m-m e n e E r f a h r u n g, e r h e l l e n d e E i n s i c h t, n i e e n d e n d e Ü b u n g. Nur das zusammen ist Zen, und ohne das ist kein Zen. Denn Zen ist keine bloße Theorie, sondern eine auf Erfahrung gegründete und zu einer Erfahrung führende P r a x i s. Zen ist kein theoretischer Existentialismus, sondern eine e x i s t e n t i e l l e P r a x i s.

Meister und Schüler

Was ist der Sinn der Praxis des Zen? Das Erwachen des Menschen zu seiner Buddhanatur, das heißt, zu seinem wahren Wesen. Dies bedeutet: Übung zu einer Verfassung, in der er fähig wird, sich in seinem Wesen zu vernehmen und es in sich und durch sich offenbar werden zu lassen in der Welt. Gemeint ist also die Transparenz für die uns innewohnende Transzendenz. Das Ziel aller Übung also: Abbau, was ihr im Wege steht, und Förderung, was sie ermöglicht.

Die Voraussetzung, auf der Zen als Praxis aufruht, ist ein dreifaches Wissen: 1. Das Wissen um die Möglichkeit der Großen Erfahrung, in der der Mensch sich selbst in seinem Wesen aufgeht. 2. Ein Wissen um die Natur dessen, was den Menschen von seinem Wesen trennt. 3. Ein Wissen um den Weg, der aus der Verstelltheit in die Erfahrung und Bezeugung des Wesens führt.

Entscheidend für alle Praxis, die zum neuen Menschen hinführen soll, ist das Wissen um das, was einem Erwachen und Neuwerden im Wege steht. Was ist es? Es ist das fixierende Ich mit seiner Bewußtseinsform und Lebensordnung, aus der heraus der mit diesem Ich identifizierte Mensch denkt, fühlt und handelt. So steht im Mittelpunkt der Zen-Praxis, diese Identifikation aufzuheben, das Ich und sein Gehäuse umzustoßen und seine Lebensordnung zum Einsturz zu bringen.

So laufen auch alle Übungen des Zen zunächst auf das gleiche hinaus: das die Welt gegenständlich begreifende Ich und seine Ordnung aus den Angeln zu heben und damit dem Menschen den Boden, der ihn nicht auf den wahren Grund kommen läßt, unter den Füßen wegzuziehen. Das ist die Funktion des Meisters. Zen ist nicht denkbar ohne Meister. Alle Zen-Texte handeln von der Weise der Meister, das Gemeinte und das Gesuchte zu verkörpern und zu vermitteln — so wie alle Weisheit des Ostens eine Weisheit der Meister ist und der Weise, wie sie ihren Schülern den Weg weisen — den Weg der Erlösung von ihrem Ich und der Befreiung zu ihrem wahren Wesen. Und je brennender heute im Westen die Notwendigkeit erfahren wird, diesen Weg zu finden, um so lauter ertönt der Ruf nach dem Meister.[21] Die

[20] Vgl. K. Graf Dürckheim, *Der Ruf nach dem Meister* . . ., a.a.O.
[21] Vgl. K. Graf Dürckheim, *Der Ruf nach dem Meister* . . ., a.a.O.

Meister des Zen sind unerbittlich und hart. Was feststeht, muß umgeworfen werden. Worauf man glaubt, Anspruch zu haben, wird abgelehnt. Woran man klebt, wird einem entrissen. Worauf man sich etwas einbildet, wird lächerlich gemacht. Was man zu sein meint, wird entlarvt. Was man zu wissen glaubt, wird ad absurdum geführt. Und dazu ist dem Meister jedes, aber auch j e d e s Mittel recht. Und nur, wenn man den hohen Zweck kennt, der jedes Mittel rechtfertigt, kann man den Sinn der sonst unverständlichen Äußerungen und Handlungen der Meister des Zen verstehen. Da ist die sinnlose Antwort, der unvorhergesehene Angriff, der wohlgezielte Schlag, der Schock, der Faustschlag ins Gesicht, die Ohrfeige, die Kränkung, das höhnische Lachen, der erschreckende Schrei, da ist das vom Ich Unannehmbare, das angenommen werden muß, das völlig Ungenießbare, das geschluckt werden muß, das Unerwartete, das uns umwirft, indem es alles zum Einstürzen bringt, was uns in der gewöhnlichen Ordnung unseres Selbst- und Welt-Bewußtseins trägt, hebt und birgt. Gerade im Sturz kann dem Suchenden dann einmal die jenseits dieser Ordnung liegende Wahrheit aufgehen, in der er erkennt, daß das Fest-Stehende und Fest-Stellbare, das sich ihm vorher allein als Wirklichkeit vorstellte und ihm seinen festen Stand gab, nichts als der bloße Gegen-Stand seines Ich-Standes ist, der ihm, weil er durch seinen feststellenden Ver-Stand festgelegt war, das nie Feststellbare verstellte.

Aber das alles hat eine Voraussetzung, ohne die es kein Meister-Wirken gibt: Es muß ein Schüler da sein. Ohne Schüler kein Meister. Doch wer darf sich Schüler nennen? Nur der, den die Sehnsucht von Grund auf gepackt hat, der, von der Not an die Grenze getrieben, glaubt, draufgehen zu müssen, wenn er nicht durchbricht.

Nur der, den die Unruhe des Herzens ergriff und ihn nicht mehr losläßt, eh sie gestillt ist.

Nur der, der einmal zum Weg angereten, weiß, daß er nicht mehr zurückkann, und bereit ist, sich führen zu lassen und zu gehorchen.

Nur der, der zum Großen Vertrauen befähigt, folgen kann, wo er nicht mehr versteht, und zu jeder Prüfung bereit ist.

Nur der, der hart sein kann gegen sich selbst und, um des Einen willen, das in ihm ans Licht drängt, alles zu lassen bereit ist.

Nur der, den das Unbedingte ergriff, kann sich allen Bedingungen unterwerfen und die Härte des Weges ertragen, auf dem der Meister ihn führt.

Groß steht das *Alles oder nichts* über der Schwelle, über die der Schüler den Raum der Übung betritt. Alles läßt er zurück, doch eines darf ihn begleiten: daß es nicht Willkür ist, die ihm fortan begegnet, sondern die schauende Weisheit des Meisters, die, stracks auf sein Wesen gerichtet, jedes Mittel ergreift, um es zum Leben zu bringen; denn der Sinn des ihm zugemuteten Sterbens ist nicht der Tod, sondern LEBEN, das jenseits von Leben und Tod ist, und nicht die Zerstörung des Daseins, sondern das durch es hindurchscheinende *Sein*. Das ist der Sinn des *Weges*, den der Meister dem Schüler weist.

Von Herz zu Herz

Wie reden, was tun, wie sich verhalten, wenn es darum geht, den anderen zum Sein aufzuschließen, die ihm durch die »natürliche« Ordnung seines Denkens und Daseins theoretisch und praktisch verstellt ist? Dies ist die Frage, vor die sich seit jeher die Künder des Seins gestellt fanden und auf die die Meister des Zen ihre eigene Antwort fanden. Und gerade die Weise, in der sie dieses Problem immer und immer wieder neu lösten, ist bezeichnend für Zen. Was sind die Mittel und Wege, deren sich der Zen-Meister bedient, um den Schüler zur Erfahrung des Seins hinzuführen? Die Lehre ist das Entscheidende nicht. Die übergreifende Antwort lautet: Es gibt nur die Mitteilung von Herz zu Herz, von Wesen zu Wesen, vom Sein, das ich im Grunde b i n, zum Sein, das auch der andere in seinem Wesen i s t.

Der Lehrer des Zen interessiert sich im Osten nicht für die Biographie seines Schülers. Er fragt nicht nach Komplexen und Träumen. Er treibt keine analytische Psychologie und verhält sich nicht pädagogisch. Er untersucht nicht, belehrt nicht und gibt keinen Rat. Vom Einen erfüllt, blickt er nur unverwandt auf das Eine, schaut auf des Schülers Wesen, fühlt zu ihm hin aus seiner eigenen Mitte heraus, liebt es, ruft es an und stößt unmittelbar darauf zu. Und alles, was dem Wesen im Weg steht, sieht er in einer einzigen Formel versammelt: im Haften an dem, worauf ein Mensch feststeht und worin er festsitzt. Das ist die Wurzel des Übels, und die gilt es auszureißen ohne Rest. So bricht alles, was vom Meister ausgeht, aus dem Raum des »Ungewordenen« hervor, einmalig und unmittelbar, um das Ungewordene auch im anderen ganz frei hervortreten zu lassen. Im Jetzt und im Hier muß es sein. Nur in ihm spiegelt sich das ewige Nun, nur in ihm kann den Schüler der Blitz der Erleuchtung durchfahren, der durchbricht durch die Wand der ihn gefangenhaltenden Ordnung. Jedes vertraute Bild, jeder Begriff, der gewohnt ist, ist gefährlich, jede Rede von Übel, die einen geläufigen Sinngehalt neu bestätigt. Nur was als Wort oder Schweigen, als Tun oder Nicht-Tun gerade jetzt, einmalig und unwiederholbar aus der Mitte kommt, aus der Ergriffenheit vom Einen, kann den anderen ergreifen und das Innesein des Seins in ihm anrühren, wecken und ans Licht bringen.

Ich erinnere mich, wie sich einmal mein Meister zu meiner Sorge, im Gespräch mit Europäern nichts mit seinen Begriffen und Bildern anfangen zu können, wie folgt äußerte: »Falsch gedacht! Entweder geht Ihnen das, worum es geht, auf oder nicht. Wenn nicht, ist jeglicher Begriff und jedes Bild in Ihrem Mund ohne Sinn. Wenn es Ihnen aber aufgeht, so werden Sie immer Ihre eigene Weise finden, d. h. d a s Wort, d i e Gebärde oder auch d a s Schweigen, das Ihr Gegenüber in diesem Augenblick anrührt, seine Wand durchschlägt, sein Wesen erreicht und seiner Art, seiner Reife entsprechend den nächsten Schritt auslöst.« Das ist Zen! Jedes Wort und jedes Tun hat Sinn und Geltung immer nur im augenblicklichen Zusammenhang des Geschehens. Der einmalige Sinn, den Begriff oder Bild im Gefüge von Kult und Lehre besitzen, verschließt oft den lebendigen Quell. So wundert es uns nicht zu hören, daß es wieder und wieder geschah, daß Schüler des Zen, wenn sie Satori erfuhren, zum Zeugnis ihrer eigenen unmittelbaren Fühlung mit dem Sein die heiligen Schriften verbrannten und ein Buddha-Bild zertrümmerten, vor dem sie ein Leben lang knieten.

Die Stille und das Schweigen

Das erste Mittel, dessen die Meister des Zen sich bedienen, um den Schüler zur Erfahrung des Seins vorzubereiten und aufzuschließen, ist S c h w e i g e n.

Das Schweigen als Weg zu Erfahrungen, in denen der

Mensch das Sein in sich spürt, wird geübt in der Kunst der Meditation, d. h. in schweigender Versenkung im Za-Zen. Die besondere Übung wird getragen und geschützt von einer Kultur der Stille, wie sie für den Osten überhaupt und besonders für Zen bezeichnend ist.

Im Mittelpunkt des Lebens der Mönche steht die schweigende Versenkung. Aber nicht nur im Kloster wird das »Sitzen in Stille« geübt. Dies ist vielmehr eine Übung, die zum Leben im Osten, sofern es noch irgend die alte Tradition wahrt, gehört. Doch wird sie auch dort nur dem S u c h e n - d e n geben, was sie als tiefste Möglichkeit birgt: die Begegnung mit dem eigenen Wesen.

Der durch den Lärm unseres Wachbewußtseins übertönte Urgrund des Lebens spricht, wie alle Meister uns künden, allem zuvor in der Stille. »Im östlichen Geist«, sagt Meister Suzuki, »ist etwas von einer großen Stille, ein Unstörbares, so als blicke er immer in die Ewigkeit. Diese Stille ist nicht die Abwesenheit vom Leben. Es ist vielmehr die Stille des Abgrundes der Ewigkeit, darin alle Dinge ›daheim‹ sind. Es ist wie das Schweigen Gottes, der tief in der Schau seines Vergangenheit, Gegenwart und Zukunft umgreifenden Werkes in seiner Einheit und Allheit thront. Wer in dieser Stille Verwesung und Tod wittert, wird erstaunt sein über den überwältigenden Ausdruck an Aktivität, die aus diesem ewigen Schweigen hervorbrechen kann.«[22] Diese Stille ist auch charakteristisch für Zen. Es ist die Stille des Unergründlichen, die als Quelle des Glaubens nie getrübt werden kann, weil gerade in ihr das Leben aufgeht, das jenseits aller Begriffe und Bilder ist, und daher reicht auch kein Begriff, kein Bild und keine Frage in sie hinein.[23]

Es gibt kaum etwas, das dem westlichen Menschen so fehlt wie die Stille, kaum etwas, das ihm so schwerfällt wie die Übung der Stille. Der Lärm hält uns in seinem Bann, der Lärm der Welt, aber mehr noch das innere Getön der uns bewegenden Sorgen, der unterdrückten Gefühle, der verdrängten Triebe, Süchte und Sehnsüchte, vor allem aber das Stöhnen, das aus der Spannung zu unserem unbefreiten Wesen herstammt. An den Lärm gewöhnt und auf ihn eingestellt, können wir oft nicht mehr ohne den Lärm leben und fliehen oft,

[22] D. T. Suzuki, *Die Große Befreiung*, a.a.O.
[23] K. Graf Dürckheim, *Japan und die Kultur der Stille*. Weilheim: O. W. Barth-Verlag ⁵1971.

was immer uns fehlt, in den uns beruhigenden Lärm. Wir fliehen in das Viele, das um uns und in uns tönt, und verfehlen das Eine, das not tut, aber nur in der Stille aufgeht. Wir fliehen vor der Begegnung mit uns. Und das gerade ist der Sinn des Sitzens in Stille: die unausweichliche Begegnung mit uns selbst, mit unserem Wesen und, auf dem Wege zu ihm, die Begegnung mit dem, was ihm im Weg steht.

Es gibt auch die sprechende Stille, die aus dem Schweigen kommt, die aber nur dann zu uns spricht, wenn wir unbewegt das Schweigen aushalten und ganz auf Antwort gestellt sind in großer Geduld. Wer, der in verzweifelter Nacht zu Gott um Antwort gebetet hat, hat es nicht schon erfahren, daß Gott schwieg und schweigend uns noch mehr ins Dunkle stieß? Aber dann kam aus diesem Schweigen dem, der dieses fromm aushielt, auf einmal die erleuchtende Antwort. Doch was ist unserem geläufigen Hören fremder als ein völliges Schweigen? Aber die göttliche Wahrheit spricht nicht in der uns geläufigen Sprache. Und gerade das Schweigen, auf das wir stoßen, wenn wir ungeteilt auf eine Rede als Antwort eingestellt sind, kann uns einmal erwecken. Das wissen die Meister des Zen.

Zahlreich sind die Beispiele vom Schüler, der zum Wesen erwachte, als er, von heißer Sehnsucht nach der Wahrheit erfüllt, den Meister aufsucht, um Antwort auf die Frage zu erhalten, zu der sich für ihn nach langem Suchen seine ganze Not zugespitzt hat. Er kommt zum Meister. Der große, der alles entscheidende Augenblick ist da. Der Meister weiß ja, daß nun alles auf dem Spiel steht. Was wird er sagen? Der Schüler fragt — jetzt muß die Antwort kommen, und das Unerwartete geschieht: Der Meister schaut ihn an, durchdringend, und schweigt. Schweigt ein ehernes Schweigen. Und da durchfährt es den Schüler — wie ein Blitz. Das ganze Gebäude, aus dem das Fragen kam, bricht zusammen. Und das Fraglose . . . stürzt in ihn hinein. Heiß steigt es dem Schüler auf, ein Taumel packt ihn, er weint, er lacht, er ist erwacht. Ein bekanntes Beispiel ist die Geschichte vom Meister Djü-Dschi, die Hermann Hesse für Wilhelm Gundert anläßlich des Erscheinens seines großen Werkes »Bi-Yän-Lu«[24] in Verse faßte:

[24] BI-YÄN-LU. *Meister Yüan-wu's Niederschrift von der Smaragdenen Felswand.* Verdeutscht und erläutert von Wilhelm Gundert. München: C. Hanser Verlag 1960. — Dieses Werk führt wie kein anderes an Hand authentischer Texte den wirklich Suchenden an das Geheimnis des Zen heran. Es ist das Grundbuch des Zen.

Meister Djü-Dschi war, wie man uns berichtet,
Von stiller, sanfter Art und so bescheiden,
Daß er auf Wort und Lehre ganz verzichtet,
Denn Wort ist Schein, und jeden Schein zu meiden
War er gewissenhaft bedacht.
Wo manche Schüler, Mönche und Novizen
Vom Sinn der Welt, vom höchsten Gut
In edler Rede und in Geistesblitzen
Gern sich ergingen, hielt er schweigend Wacht,
Vor jedem Überschwange auf der Hut.
Und wenn sie ihm mit ihren Fragen kamen,
Den eitlen wie den ernsten, nach dem Sinn
Der alten Schriften, nach dem Buddha-Namen,
Nach der Erleuchtung, nach der Welt Beginn
Und Untergang, verblieb er schweigend,
Nur leise mit dem Finger aufwärts zeigend.
Und dieses Fingers stumm-beredtes Zeigen
Ward immer inniger und mahnender: es sprach,
Es lehrte, lobte, strafte, wies so eigen
Ins Herz der Welt und Wahrheit, daß hernach
So mancher Jünger dieses Fingers sachte
Hebungen verstand, erbebte und erwachte.

Januar 1961

Erweckung als Folge des Schweigens ist nur denkbar, wo das
Schweigen zerbricht, was die Seins-Erfahrung verhindert. Die
Kette, die den Menschen gefesselt hält, zerreißt nur, wenn sie
so gespannt wird, daß sie am Ende die Zerreißprobe nicht aushält. So kann ein Schweigen nur dann diese Wirkung erzielen,
wenn es den Boden vernichtet, von dem aus der andere fragt;
und nur, wenn die Frage Ausdruck der Zuspitzung eines Suchens ist, an der sich ein ganzes Leben entscheidet. Nie können
wir die Geschichten vom Schweigen der Meister und seiner
Wirkung verstehen, wenn wir die Voraussetzung nicht erfüllen, die Zuspitzung der Not eines Lebens in der Frage, mit
deren Beantwortung alles steht oder fällt. Und was für das
Schweigen gilt, gilt auch für die anderen Mittel, die der Zen-
Meister wählt, um dem Schüler zu helfen.

Das Verbieten des Wortes

Ein Mittel auf dem Wege des Zen ist die Aufhebung jeden
Begriffes oder Bildes, mit dem der Schüler glaubt, die Wahr-

heit »gefaßt« zu haben, sei es, um zu verhindern, das Bild mit der Sache, »den Finger, der auf den Mond zeigt, mit dem Mond zu verwechseln« oder den Schüler zu hindern, sich in einem Begriff beruhigt niederzulassen. Wenn im Lauf einer Lehrstunde der Schüler ein Wort wiederholt, das der Meister soeben gebraucht hat, so lacht der Meister ihn aus und behauptet das Gegenteil. Im Nachreden geht die Wahrheit verloren, auch im Nachreden der Worte überlieferter Weisheit. So sind auch die kritischen, ja oft vernichtenden Kommentare der Meister zu Äußerungen ihrer Vorgänger zu werten. Nichts kann und darf feststehen, was sich auf die Wahrheit bezieht, auch ein Meisterwort nicht, das, wenn es nachgeschwätzt wird, leblos und unheilvoll ist. Was als Sprengstoff gesagt war, darf nicht zum Polster werden, auf das man sich setzt. Wenn der Meister erkennt, daß der Schüler der Wahrheit ganz nah ist oder gar, daß er sie geschmeckt hat, dann ist sein Gebaren noch strenger. Ein Beispiel: Ein Schüler kommt von einer Pilgerschaft heim, auf der er Satori hatte. Ehrfürchtig nähert er sich dem Meister, der ihn schweigend erwartet, und geht vor ihm auf die Knie. Doch in dem Augenblick, in dem er den Kopf hebt und beginnen will, etwas zu sagen, sausen 30 harte Stockschläge auf ihn nieder. »Aber Meister«, fragte er, »warum das? Ich habe ja noch kein Wort gesagt.« Die Antwort des Meisters: »Hättest du auch nur ein Wort gesagt, es wäre zu spät gewesen.« Indem er den Schüler verhindert, seine Erfahrung in Worte zu fassen, rettet er ihm den Schatz, den sie birgt. Ein anderes Beispiel:

Der Schüler betritt das Zimmer des Meisters, und dieser erkennt, daß der Schüler Satori hatte. Und nun macht er eine letzte Prüfung. Der Schüler kniet schweigend, und der Meister sagt freundlich: »So, nun hast du es also!« Und der unglückliche Schüler antwortet: »Ja, Meister, ich hab's«. »Nichts hast du mehr!« brüllt der Meister ihn an, »scher' dich hinaus!«

Die alte Weisheit der Mystiker! »Sehen, als sähe man nicht! Haben, als habe man nicht! Tun, als tue man nicht!« Aber wie schwer ist das! Und wieviel schwerer fällt es uns als den Menschen des Ostens, die noch weniger als wir vom Zwang, zu fixieren und das Fixierte herauszustellen, besessen sind. Wer kennt nicht die schmerzliche Erfahrung, daß ein Gefühl ihm zerrann, weil er oder ein anderer das Erleben auf die Ebene des Verstandes reflektierte und aussprach. Sind wir in einem ungeteilten Erleben versunken, ganz eins geworden mit dem, was uns soeben erfüllt, und bewegt von der Fülle des Seins, die nur im Einswerden aufgeht — etwa im Schauen einer Landschaft, eines Sonnenaufgangs, einer Blume, und plötzlich steht neben uns einer, der sagt: »Wie schön ist das!«, dann ist es, als risse das Leben entzwei. Man ist auf sein Ich zurückgeworfen, und dort ist das »Schöne« — gegenüber! Was uns mit ihm im Wesen verbindet und eben noch da war, ist unwiederbringlich zerrissen.

Was schon für die Sphäre natürlicher Gefühlserfahrung gilt, gilt in noch viel höherem Maße für jene so fragilen Erlebnisse, in denen das Sein uns anrührt, weil wir einen Augenblick seiner immerwährenden Anwesenheit geöffnet waren. Ich erinnere mich an einen Traum: Ich komme in eine Kirche. Es sind viele Menschen da, und der Fremdenführer zeigt eine kleine Christusfigur aus Bronze. Mit einem Male ist einer der ausgebreiteten Arme auf mich gerichtet, und ich ergreife die sich mir entgegenstreckende Hand. Im gleichen Augenblick bin ich in das unbeschreiblichste Erleben getaucht. Es ist mir, als durchflute mich die Fülle des Seins. Alles ist gelöst und vom tiefsten Sinn erfüllt, und ich fühle mich im tiefsten Frieden geborgen. Da widerfährt es mir, mich zu wundern. Ich nehme mich etwas zurück, und leise taucht in mir die Frage auf »Was ist denn d a s ?«, und im gleichen Augenblick zerfällt die kleine Statue zu Staub! Ist einfach nicht mehr da. Ich bin arm geworden. Angst befällt mich, und ich wache mit einem Gefühl der Verlassenheit und großer Schuld auf. — So also ist das. Es gibt eine Wirklichkeit, die jedwedes Feststellen, ja schon die »Was ist-das«- F r a g e nicht verträgt. Kaum stellt man sie, ist das eben noch Gegenwärtige verschwunden.

Diese alle Lebensäußerungen des Zen durchziehende Erkenntnis ist von großer Bedeutung für uns. Denn suchen wir nicht, wenn wir die Wahrheit suchen, ganz selbstverständlich etwas, das sich über allen Zweifel hinaus » f e s t s t e l l e n « läßt? Und wer lehrte uns, daß uns eben diese Einstellung die Wahrheit des Lebens verhüllt?

Das Paradox

Die Ordnung des gegenständlich Gewußten, auf die unter anderem die »Was-ist-das«-Frage hinzielt, trägt unsere gesamte natürliche Weltsicht. Wie schwer hat es daher der Mensch, das

Sein in sein Inne-Sein zuzulassen, ohne es sogleich wieder in der Sicht seines gegenständlichen Bewußtseins aus dem Auge zu verlieren. Doch hier gerade liegt die Aufgabe des inneren Weges.

Wenn der Boden, auf dem wir in unserer natürlichen Bewußtseinsform stehen, zugleich der ist, der uns den Erfahrungen des Seins gegenüber verstellt, so muß das erste Anliegen des Meisters, der den Schüler zu den Erfahrungen des Seins bringen will, darin bestehen, ihm diesen Boden, mit welchen Mitteln auch immer, unter den Füßen wegzuziehen. Darum eben ist seine Weise zu handeln oft wie ein Blitz aus heiterem Himmel, seine Sprache das Paradox, seine Zärtlichkeit der Schock, seine Logik der Widersinn.

Der Schüler fragt: »Was ist die Bedeutung der ›Ankunft des Boddhi-Darma‹?« Der Meister antwortet: »Der Eichbaum im Hof.« Ein anderer fragt: »Was ist der Buddha?« »Hat es nie gegeben!« antwortet der Meister. Andere Beispiele:

Der Schüler fragt: »Was ist unser tägliches Leben?«

Der Meister hob seinen Hossu.

Der Mönch fuhr fort: »Ist es dies?«

Der Meister sprach: »Was ist das?«

Keine Antwort des Mönches.

»Was ist der gegenwärtige Augenblick?«

»Ich hatte niemals einen Menschen, der eine solche Frage stellte.«

»Ich frage dies jetzt, Meister.«

»Du Idiot.«[25]

Zahllos sind die Antworten, die ähnlicher Art sind, offenbar sinnlos, ärgerlich. Was sollen sie bedeuten? Ist es leicht oder schwerer zu verstehen? Solange wir noch fragen: »Was ist das?« sind wir noch in der Bewußtseinsform befangen, die unserer Welt-Sicht entspricht, aber eben darum das Überweltliche ausschließt. Ebenso wenn wir fragen: Wann, Wo? Leben ist jenseits der fünf großen W: Was, Wann, Wo, Woher, Wozu; ist »sunder warumbe« (Meister Eckehart). All das sind Fragen, deren Antwort etwas fixiert, auf eine gegenständlich statische Bewußtseinsebene projiziert und lebendiges Leben in ein Gefüge von Tatsachen verwandelt. Der Mensch, der nicht auf dem Boden der Tatsachen steht, ist verloren. Was aber

[25] Vgl. D. T. Suzuki, *Die Große Befreiung*, S. 95 ff.

wird aus dem Menschen, der ihn überhaupt nicht mehr verlassen kann und sein Leben und Erleben nur noch in einer Sicht wahr-nehmen kann, die aus dem Lebendigen »Tatsachen« macht? Sein und Wesen sind ihm verstellt. Soll die Wirklichkeit selbst uns berühren, müssen wir lernen zu lassen, was sie uns verstellt. So wird nur der, der es wagt, dem Wahrheitsgehalt des Unfaßbaren und Numinosen, das seine tiefsten Erfahrungen durchwittert, zu vertrauen und sich scheu davor zurückhält, sie zu fixieren, einmal fähig sein, die Wand einfallen zu lassen, zu der sein gegenständliches Bewußtsein wird, wenn es sich absolut setzt. Und so auch kann das Loch, das die paradoxe Antwort des Meisters in das wohlgeordnete Gefüge gegenständlich verstandener Wirklichkeit hineinschlägt, für den Suchenden zu der Öffnung werden, durch die ihn unvermutet ein Strahl des großen Lichts trifft.

DIE ÜBUNGSPRAXIS DES ZEN

Sinn der Übung

Mehr noch als durch seine Bücher der Weisheit dringt heute der Osten zu uns als Lehrmeister von Übungen, die uns versprechen, durch Arbeit an uns selbst mehr zu werden, als wir bislang sind. Was aber heißt »mehr«? Das ist die Frage. Und in der Antwort auf diese Frage scheiden sich die Geister.

Für die große Mehrzahl der Menschen, die sich heute auf das Feld der Übung begeben, hat die Übung den Sinn, ihre Leistungskraft oder gar ihre Gesundheit wiederherzustellen oder zu steigern, also ihrer Funktionstüchtigkeit für die Welt oder ihrer Mächtigkeit über die Welt zu dienen. Das ist gewiß nützlich, hat aber mit »Übung«, so wie der Zen sie versteht, nichts zu tun.[26]

So wird z. B. der Hatha-Yoga in diesem praktischen Geiste betrieben und dann als eine Art Gymnastik gelehrt. Dies ist gewiß bekömmlich und fördert Konzentrationskraft und Weltbefinden, hat aber mit dem eigentlichen Sinn des Yoga nichts mehr zu tun. Yoga meint weder Steigerung der Leistungskraft in der Welt noch Ausbildung »höherer Fähigkeiten«, sondern »Anjochen« an den göttlichen Grund.

[26] Vgl. K. Graf Dürckheim, *Japan und die Kultur der Stille*, a.a.O., S. 27.

Wer nach Mächtigkeit in der Welt strebt, wird aber oft gerade durch die Wunderleistungen der »Yogi« angezogen, die selbst aber keine Yogi mehr sind, sondern Fakire. Wer die Wunderleistung will, begibt sich auf einen auch im Osten nicht seltenen Irrweg. Als ich einmal einen Lehrer des Zen über die Wunderleistungen indischer »Yogis« befragte, sagte er: »Natürlich kann ein Mensch, der sich Jahre oder Jahrzehnte mit dem Training irgendwelcher innerer oder äußeren Fähigkeiten befaßt hat, am Ende Leistungen vollbringen, die dem Ungeübten wunderbar vorkommen. Aber was hat das schon mit dem inneren Weg zu tun? Es ist umgekehrt: wenn einer sich auf dem Weg und zum *Weg* übt, so wird er in dem Maße, als er vorankommt, auf seinem besonderen Übungsfeld und dann auch darüber hinaus, Leistungen vollbringen, die wunderbar anmuten. Aber nicht sie sind der Sinn seines Übens, sondern das, was sie anzeigen, sein Voranschreiten auf dem inneren Weg.«

Man muß also grundsätzlich unterscheiden zwischen Übungen im Dienste des Welt-Ichs, d. h. pragmatischen Übungen, und anderen, die im Dienste der Selbstverwirklichung aus dem Wesen stehen. Diese kann man initiatische Übungen nennen, die das Tor zum Geheimen öffnen. Das »Geheime« ist eben das »Wesen«, das unergründliche Zentrum. Seiner inne, in ihm auf- und von ihm auszugehen — darauf zielen alle Übungen des Zen.

Nun gibt es Übungen, mit denen der Mensch schon glaubt, sich auf den Weg nach innen zu begeben, und dabei auf einen noch gefährlicheren Irrweg gerät. Es sind Atem-, Entspannungs-, Haltungs- und Versenkungsübungen, die eine vorübergehende Befreiung von Verspannung und Krampf bringen und dem Übenden, weil sie ihm etwas Ruhe verschaffen, vortäuschen, dabei schon etwas für den inneren Weg gewonnen zu haben.[27] In Wahrheit verführen sie ihn, solange sein Welt-Ich vorherrscht, nur dazu, daß er sich in einer Verfassung festigt, die nur seiner Ich-Welt-Kraft zugute kommt.

Auch die Übungen, die in der Welt des Zen gepflegt werden, unterliegen leicht dem Mißverständnis: daß sie den Sinn haben, den Menschen für die Welt zu ertüchtigen oder gar ihn zu übermenschlichen Leistungen zu befähigen. So, wenn

---

[27] Vgl. K. Graf Dürckheim, *Hara — Die Erdmitte des Menschen.* München: O. W. Barth-Verlag ⁶1973, S. 137.

wir vom Meister des Schwertes hören, der allein mit einem Blick das erhobene Schwert seines Gegners in der Luft bannt, oder vom Meister des Bogenschießens, der in dunkelster Nacht mit seinem Pfeil das Zentrum der Scheibe trifft und mit dem zweiten Pfeil den ersten spaltet[28], oder vom Meister, der mit einem besonderen Schrei einen Gestorbenen ins Leben zurückruft und einen vorüberfliegenden Vogel zur Erde herabstürzen läßt. Das alles sind wahre Geschichten, Wunder, deren Kunde gar leicht den von seinem ehrgeizigen Welt-Ich besessenen Menschen verleitet, sich auf den Weg der Übungen zu begeben, um selbst einmal Wunder vollbringen zu können. Damit aber verfehlt und vertut er den Sinn der Übung.

Ebenso leicht aber mißversteht der nur auf die Welt Bedachte die im Zen gepflegte Übung des Stillesitzens in Versenkung, das sogenannte Za-Zen, wenn er ihren Sinn darin sieht, sein altes Leben mit mehr Ruhe, Unberührbarkeit und »Gelassenheit« weiterzuführen.

Das alles verfehlt den Sinn und den Geist zenistischer Übungen und damit die Antwort, die die Übungspraxis des Zen für das existentielle Anliegen des westlichen Menschen sein kann, die Antwort auf seine Sehnsucht nach einem Durchbruch seines wahren Wesens in die Freiheit seiner Bezeugung und also in die Mündigkeit seines Menschseins.[29]

Der Sinn aller Übung im Zen ist nicht eine Zunahme an Wissen oder Können, die dem alten Menschen zugute kommt, sondern ein Neuwerden durch das Erwachen des Menschen zu seinem Wesen und seine Verwandlung aus diesem Wesen heraus. So kreist alle Übung um den Wendepunkt voller Menschwerdung, um Satori, die Große Erfahrung, in der das alte Ich eingeht, das Wesen aufgeht und der Mensch als ein zu sich selbst Verwandelter neu ausgeht in die Welt, um in ihr in neuer Weise erkennend, gestaltend und liebend vom Sein zu zeugen.[30]

Zen als Übung ist zuchtvoller Dienst an einer Verfassung, in der die Fülle des Seins aufklingt, seine Inbildlichkeit Gestalt wird, seine Einheit, die alles verbindet, erfahren und wirk-

[28] E. Herrigel, *Zen in der Kunst des Bogenschießens*. München: O. W. Barth-Verlag [16]1973.
[29] Vgl. K. Graf Dürckheim, *Überweltliches Leben in der Welt. Vom Sinn der Mündigkeit*. Weilheim: O. W. Barth-Verlag [2]1972.
[30] Vgl. K. Graf Dürckheim, *Im Zeichen der Großen Erfahrung*. 2., überarbeitete Aufl. München: O. W. Barth-Verlag 1974.

kräftig wird. Die Voraussetzung dieser Verfassung? Integration des raum-zeitlich bedingten Ichs mit dem überraum-zeitlichen Wesen und Sein. Ihr Sinn? Bezeugung des Seins im raum-zeitlichen Dasein. »Integration mit dem Sein« mündet im Zen also nicht in jener Einswerdung, in der der Mensch dann weltabgewandt im Seinsgrund versinkt, sondern meint zugleich Reintegration der Welt, in der er kraft seiner Integration mit dem Sein, endgültig »Wesens-inne« und wahrhaft er selbst geworden, seine Seinsverbundenheit im Dasein im seinsgemäßen Handeln bewährt. Worin besteht nun die Arbeit des Zen?

Der Abbau des »Ichs«

Die Arbeit im Zen zielt auf die sich fortschreitend vertiefende Fühlung und Einswerdung mit dem Wesen und — ist der Durchbruch des Wesens und so die Erweckung des neuen Bewußtseins gelungen (Satori) — auf Gestaltwerdung aus dem Wesen und ihre Bezeugung im alltäglichen Leben und Werk. Der Wendepunkt, um den sich alles dreht, ist Satori. Die Voraussetzung für alles ist der A b b a u d e s I c h s !

Abbau des Ichs! Diese Forderung weckt im Menschen unserer Zeit mannigfaltige und gemischte Gefühle. Manch einer kann den Satz nicht mehr hören. Psychologen stellen fest, daß viel mehr Menschen, als man glaubt, nicht zu viel, sondern zu wenig Ich haben. Und in der grundsätzlichen Forderung, das »Ich fallen zu lassen«, wittert manch einer sogleich die typisch östliche Gefahr der Entpersönlichung, der Treulosigkeit gegen einen Grundpfeiler europäischen Denkens, fürchtet das Verschwinden im Nichts, die Auflösung im All-Einen. Anthroposophen bangen um ihren »Christusimpuls aus dem Ich«. Nichts von alledem ist gemeint. Es geht überhaupt nicht um eine Vernichtung des Ichs, sondern um eine Verwandlung des nur weltbezogenen Ichs. Es geht um die Verwandlung des Menschen, der allein von seinem Welt-Ich bestimmt ist, in den neuen Menschen, der vom Wesen bestimmt ist. Auch ist nicht die Verneinung der Welt gemeint, sondern Überwindung des Haftens an ihr.

Mit »Abbau des Ichs« meint Zen — durchaus im Einklang mit der geistlichen Tradition des Westens — die Grundvoraussetzung aller seinsgemäßen Selbstwerdung und Daseinsgestaltung. Abbau des Ichs in diesem Sinne bedeutet zunächst -- darin ist für uns durchaus nichts Neues — Abbau des »kleinen«, machtdurstigen, geltungsbedürftigen und am Besitz haftenden Ichs, das immer ängstlich auf seinen Bestand, seinen Erfolg und seine Position bedacht ist. Das Eingehen dieses Ichs ist — wer wüßte das nicht? — Voraussetzung schon jeder sachlichen Leistung im Bereiche des objektiven Geistes und auch der »Persönlichkeit« als Trägerin der Sinn-, Wert- und Werkwelt der Gesellschaft sowie ihrer Eingliederung in jede Gemeinschaft.

Abbau des Ichs bedeutet im Zen aber mehr als nur die Voraussetzung gültiger Teilhabe am geistig durchwirkten Leben der Gemeinschaft. Es geht hier vielmehr um die Voraussetzung des geistlichen Geistes. Für seine Befreiung kann die gefestigte Bindung im Gefüge des objektiven, logischen, ästhetischen und ethischen Geistes eine vielleicht noch folgenschwerere Blockade sein als die Verhaftung im eigensüchtigen Ich. Je eigensüchtiger ein Mensch ist, desto eher kommt er zu Fall und erfährt den Anruf zur Umkehr. Je verständiger und ethischer ein Mensch lebt, um so mehr ist er in der Gefahr, in seiner »gerechten« (sach- und wertgerechten) Lebensform stehenzubleiben und zu erstarren und damit abgeschnitten zu werden vom wahren Leben; denn das Leben duldet auch nicht das Gefangensein in einer festliegenden Tugendordnung.

Zen wie der ganze Buddhismus erkennt als die eigentliche Wurzel der Sünde das H a f t e n. Sünder ist der Mensch, insofern er haftet. Im Haften bleibt er theoretisch oder praktisch stehen und ist damit der schöpferisch erlösenden Kraft des Lebens verschlossen. So hängt auch die Möglichkeit der Erleuchtung von der Überwindung des Haftens ab. Auch die drei Grundfehler des Menschen, die der Buddhismus immer wieder betont: Ignoranz, Gier, Haß, sind nur Derivate des Haftens.

Alles Haften meint Besitz, entspringt dem Drang nach etwas, das bleibt, der Suche nach etwas, das feststeht, und besteht im Festhalten dessen, was man einmal fest hat, weiß oder kann. »Liebe« bedeutet hier, so daran hängen, daß man nicht loslassen kann. Festgelegtsein durch feststehende Begriffe ist Haften. Fast gefährlicher noch als feststehende Begriffe sind feststehende Vorstellungen und Bilder, die wir uns vom Leben gemacht haben und in denen wir leben. Mit Recht zwar hat die Welt der Bilder gegenüber der rationalistischen Verödung an Ansehen gewonnen, denn in und aus ihnen wächst und reift das Leben als Gestalt. Um so gefährlicher aber sind gerade sie für das reifende Leben, wo sie erstarren. Der Panzer der Vorstellungen und Bilder, in dem wir sitzen, läßt oft noch weniger Lebensluft durch als der der Begriffe. Es gibt aber noch ein Drittes, vielleicht noch Gefährlicheres: die feststehende Eingespieltheit unserer Einstellungen und Haltungen, Bewegungsformen und Redeweisen. Es ist so, als fürchte der Mensch, nirgends so sein Ich, ja sich selbst zu gefährden als dort, wo ihm zugemutet wird, eingefleischte Gebärden und Fehlhaltungen aufzugeben — z. B. seine hochgezogenen Schultern, in denen sein mißtrauisches, ängstliches oder hochgestochenes oder aufgeblasenes Ich sich verschanzt hat.

Das Festliegende ist die in festeingespielten und gewohnten Ordnungen der Begriffe, Bilder und Haltungen eingefleischte Weltsicht und Lebensform. Das Festlegende aber ist das fixierende Ich, der »Erbauer, der Wahrer des Gehäuses«. Darum beginnt alle Übung mit dem Abbau des gegenständlich fixierenden, auf Besitz und Selbstbehauptung zielenden, schmerzscheuen, genußsüchtigen und mißtrauischen, auch das Gekonnte immer noch einmal machenden Ichs.

Die inständliche Fülle dessen, was man im Wesen *ist*, verwandelt sich im fixierenden, haftenden Ich zum gegenständlich Vielen, das man *hat*. Zen gibt den Menschen seinem Wesen zurück.

Zen lehrt uns, daß das Aufheben des Ichs auf zwei Wegen möglich ist: 1. durch Erschöpfen der Ichkraft an der Grenze eines gegenstandsbezogenen Denkens oder Tuns, 2. durch Zurückziehen des Ichs aus allem gegenständlichen Tun in der Versenkung. Immer geht es um die Erfahrung und das Aushalten des Nichts, der Leere. In ihr nur kann die Fülle, Gestalt, Trächtigkeit und Einheit des Seins aufgehen.

Die Grundübung des Zen ist das Za-Zen, das Sitzen in der Versenkung.[31] Dazu kommt im Rinzai-Zen vor allem das Koan, eine dem Schüler aufgegebene Denkaufgabe, die durch kein Denken zu lösen ist.[32] Erst wo der Mensch sich den Kopf

[31] H. M. Enomiya-Lassalle, *Zen, Weg zur Erleuchtung.* Wien: Herder Verlag [3]1971; Yasutani, ›Über die Übung des Zen‹ in: K. Graf Dürckheim, *Wunderbare Katze.* Weilheim: O. W. Barth-Verlag [2]1970.
[32] BI-YÄN-LU. *Meister Yüan-wu's Niederschrift von der Smaragdenen Felswand,* a.a.O.

einrennt, vermag er in tiefster Erschütterung zu erkennen, daß er auf dem Holzweg ist. Das Zerbrechen an der Grenze erst öffnet ihm das innere Auge im Freiwerden jenes Bewußtseins, in dem er sich selbst aufgeht als Sein. Im Aufbruch des neuen Bewußtseins erfüllt sich ihm die ihm nach wie vor verbleibende gegenständliche Sicht der Welt schlagartig mit einem tieferen Sinn, und er spürt dann die Ganzheit seines Lebens in jenem Seinsgrund verankert, der jenseits von Leben und Tod, von Ich und Welt und in allem Dies und Das »ist«. Diesem Prozeß der Verwandlung dienen auch alle jene Übungen, in denen das Können einer Kunst bis zu jener Vollendung getrieben wird, die letztlich nicht das Ergebnis des Könnens, sondern die Frucht der über ein Sterben gewonnenen Reife des innerlich Geübten und zu sich selbst Gekommenen ist.

Hierher gehören die altjapanischen Übungen, in denen die Kriegskünste, das Bogenschießen[33], Schwertfechten[34] und Speerstoßen, aber auch die Teezeremonie[35], das Blumenstecken[36] usw. und in allen der rechte Atem, der rechte Schwerpunkt[37], die rechte Stille[34] in den Dienst menschlicher Verwandlung gestellt werden. Immer geht es um das gleiche: daß der Mensch sich in unermüdlicher Übung einer Kunst so gänzlich seines ängstlichen, um den Erfolg besorgten, gegenständlicher Aufmerksamkeit bedürfenden Ichs entledigt, daß er schließlich zum Werkzeug einer tieferen Kraft wird, aus der heraus dann ohne sein Zutun und ganz absichtslos die vollendete Leistung wie eine reife Frucht abfällt. Wo der Mensch es vermag, sich selbst als ein vom Ich geläutertes Instrument dem in ihm ans Licht drängenden Sein zur Verfügung zu stellen, kann dieses in der Sprache dieses besonderen Tuns sein ewiges Lied aufklingen lassen. Und was der Mensch in der besonderen Übung erfährt und bezeugt, wird, je mehr er mit ihr verwächst, wirklich und fruchtbar in der Ganzheit seines alltäglichen Lebens.

[33] E. Herrigel, *Zen in der Kunst des Bogenschießens.*
[34] K. Graf Dürckheim, *Japan und die Kultur der Stille.*
[35] H. Hammitzsch, *Cha-Do. Der Tee-Weg.*
[36] G. Herrigel, *Der Blumenweg.*
[37] K. Graf Dürckheim, *Hara—Die Erdmitte des Menschen.* — Alle im O. W. Barth-Verlag, Weilheim [München].

Der Sinn jeder Übung als exercitium ad integrum ist nicht die vollendete Leistung als solche, sondern das, was dem Menschen widerfährt, der sie vollbringt. Freilich, das Ziel bleibt die vollendete Leistung, aber der Sinn ist der sie leistende Mensch.[38] Die Reinigung und Verwandlung des Menschen jedoch vollzieht sich im rechten Bemühen um die vollendete Technik. Aber das Üben der Technik selbst hat einen völlig anderen Sinn als dort, wo es auf die Leistung als solche ankommt. In der rechten Einstellung geübt, als Mittel zum *Weg*, verwandelt die Übung einer Technik den Menschen, wie umgekehrt seine Verwandlung dann nicht nur die notwendige, sondern die hinreichende Bedingung wird für die Höchstform der Technik. Immer zeigt Können voraufgegangene Übung. Die hohe Kunst aber, die der hohen Lehre des Zen entspricht, zeigt die Technik als Frucht eines Geübten, bei dem das gesicherte Können dann selbst Ausdruck einer Verwandlung im Sein ist. Nur so wird es begreiflich, daß man im Osten auch von einem Tao der Technik sprechen kann, worin Technik und Tao im Menschen eins geworden sind, so daß jene dann dieses äußert.[39]

Die eindrucksvollste Darstellung der durch lange Übung einer Technik eintretenden Verwandlung des Übenden ist die Beschreibung, die uns Eugen Herrigel in seiner Schrift »Zen in der Kunst des Bogenschießens« geschenkt hat. Er zeigt uns, daß das Bogenschießen »in dem Maße, wie es Auseinandersetzung des Schützen mit sich selbst ist«, eine Angelegenheit auf Leben und Tod ist. Warum? »Weil das Bogenschießen eine Übung ist, in der der Schütze im Grunde genommen auf sich selbst zielt und dabei vielleicht erreicht, daß er sich selbst trifft.«

Gemeinsam ist allen Übungen die unendliche Wiederholung. In ihr kommt durch die Automatisierung des Ablaufs, der erst die volle Aufmerksamkeit erfordert, allmählich die von Absicht und zielstrebigem Sich-Mühen getragene Ich-Gegenstandsspannung zum Schwinden, bis schließlich im Einswerden von Ich und Gegenstand, z. B. das Werkzeug, das In-

[38] K. Graf Dürckheim, *Sportliche Leistung — Menschliche Reife.* Frankfurt/M.: Limpert Verlag ³1969.
[39] Kenran Umeji, ›Das Tao der Technik‹ in: K. Graf Dürckheim, *Japan und die Kultur der Stille,* a.a.O.

strument, aber auch die zu lernende Leistung als Vorgang —
das gegenständlich fixierende, intentionale Bewußtsein eingeklammert und ganz aufgehoben wird. Erst wo es der intentio-
nalen Spannung nicht mehr bedarf, kann es auch zur Aufhebung ihres Trägers kommen. Und erst wo dieser, das Ich, dann
verschwindet, kann der »Geist« im Sinne einer überpersön-
lichen, überindividuellen Wesenskraft ins Spiel treten und die
vollkommene Leistung ungehemmt aus der Wesenstiefe wie
von selber geschehen. Diese Leistung ist dann nicht mehr das
Ergebnis eines Zielens, sondern jeweils in ihrer besonderen
Sprache Offenbarung des Wesens.

Herrigel beschreibt die Stationen, die zu durchlaufen sind,
wie folgt: »Die totale Entspannung und Lockerung, die vollkommene Sammlung, das Eindringen in das Geheimnis des
Atems, die in ewiger Wiederholung gewonnene, bedingungs-
lose Beherrschung der ›Form‹ (der äußeren Technik), das Auf-
gehenlassen des ›Geistes‹, das das geistige Schießen ohne alle
Anspannung möglich macht, das ›Entwerten‹ jeglichen Inter-
esses (nicht nur am Treffen, sondern auch am inneren Voran-
kommen) — alles geklammert, getragen und weitergetrieben
allein durch eine unbeirrbare Unermüdlichkeit des ewig das
Gleiche wiederholenden und immer fragloser werdenden
Übens.« Die Beharrlichkeit des Übens! Das ist die Klippe, an
der viele scheitern. Es gibt Übungen, die an sich nicht schwer
sind, aber es ist schwer, ein Übender zu werden.

Begreift man den Sinn der Übung, wie Zen sie versteht und
wie Herrigel sie uns darstellt, dann öffnet sich ein Weg, den
zu beschreiten auch für uns an der Zeit ist. Üben ist nicht nur
ein Mittel zur Ausbildung eines Könnens. Es wird zum Weg,
sich selbst oder dem anderen zu helfen, durchzustoßen zum
Wesen und es Gestalt werden zu lassen in der Welt. So verstanden, wird Übung zu einem Medium aller echten Führung
des Menschen. Wo immer Übung und Führung nichts anderes
im Auge hat als den verwandelten Menschen, der, zu sich
selbst und seinem schöpferischen Potential entbunden, im
Wirken und Handeln sein Wesen bezeugt, rückt sie in die
Nähe des Zen.

Der entscheidende Punkt, die Achse, um die sich die Wende
des Übens vollzieht, ist das Umlegen der Aufmerksamkeit
vom objektiven Ziel- und Vorstellungsbild, das uns gegenständlich vorschwebt, auf die aus dem Inneren aufsteigende
und nur inständlich zu spürende Stimmung, Haltung und Be-

wegung. Von hier aus gewinnen therapeutische Praktiken, die bislang vorwiegend der Wiederherstellung der Gesundheit und Leistungskraft dienten, einen neuen Sinn. So z. B. das in der Therapie vielfältig geübte Zeichnen und Malen. Im Geist des Zen geübt, hat es dann nicht nur einen diagnostischen oder allgemein befreienden Sinn, sondern tritt in den Dienst einer gezielten Führung des Menschen zu sich selbst hin. »Übt man das Zeichnen als ein exercitium ad integrum, so kann sich der Übende als Träger schöpferischer Kernkräfte inne werden und sich auf etwas hin entwickeln, das ihm als ursprüngliches Erfahrungsgut der Seele sinnfällig wird. Er kann dabei sich selbst und die Welt neu ›begreifen‹ lernen über Erfahrungen essentieller und substantieller Art, die er sich über die Sinne und nicht über den Verstand zuträgt und in die Wahrnehmung kommen läßt. Es kann ihm im recht geübten Zeichnen zum Bewußtsein kommen, daß die Fehlhaltungen, unter denen er leidet, Verfehlungen auf dem Wege zu seiner Menschwerdung sind, und zugleich, daß er seine Individuation solange nicht schaffen kann, als er die Wesensfühlung nicht findet und die Rückverbindung nicht gelingt zu dem hin, was ihn eigentlich trägt.

Wie in aller therapeutischen Übung, so geht es auch im therapeutischen Zeichnen um das Anlassen einer progressiv betonten, neu zu erweckenden Lebensdynamik, um das Hervorrufen lebendiger Grundimpulse, die im Bewußtsein und Verhalten des unproduktiv festgefahrenen Menschen Tieferes und Stärkeres in Bewegung bringen, als es die Wirklichkeit ist, mit der er bis dahin sein Dasein zu meistern versuchte. Sein verwundeter und mißratener Schicksalsleib, sein Versagthaben und Verzagtsein, sein Verstelltsein für das Wahre und Echte können in dem Maße entfallen, als sie überwachsen werden von ursprungsnaher Seinshaftigkeit. Das kann geschehen in einer Belebung wesenseigener Tiefenkräfte, durch die eine allmähliche individuelle Kernbildung und eine Ausdifferenzierung des Potentials der Tiefenperson ihren Ausgang nehmen. An die Stelle einer festgefahrenen Komplexbestimmtheit und Stagnation tritt eine geheimnisvolle, sicher erst sehr hilflose, dann aber mehr und mehr zu sich ermutigte ›Seinsbewegung‹, eine Bewegung vom Wesen her, deren Ursache derselbe Mensch ist (es nun aber in Wahrheit ist), der sich totgelaufen zu haben schien.

Die Voraussetzung dafür, daß dies im Üben des Zeichnens,

Schreibens (Graphotherapie), Malens oder Modellierens geschieht, ist, daß das Tun einen meditativen und rituellen Charakter hat. So wie alles heilerische Tun den Blick auf das Transzendente, also auf das eigentliche Wesen des anderen zur Voraussetzung hat, so kann auch die neue Quellfassung der Tiefenkräfte, die auf eine allumfassende Integrierung und Differenzierung des Persönlichkeitspotentials hinzielt, nur gelingen, wenn das Tun den Charakter eines ›heiligen‹ Tuns erhält. Nur wenn es aus einer tiefganzheitlichen Verfassung und mit letzter Verantwortlichkeit für jeden Strich erfolgt, kann es eine grundsätzliche Wende herbeiführen. Nur dann auch gewinnt die Neuentdeckung ursprünglicher Sinnesqualitäten die Bedeutung einer Neubelebung und bewirkt eine Restitutio des energetischen Kräftespiels ganz eigener Art. Der Übende spürt mit einem Male, schmeckt, lauscht und schaut, was in ihm und aus ihm wird, und entdeckt eine ganz neue innerliche Bewegungsform und Wahrnehmungskraft in seinem ganz kleinen, scheinbar geringfügigen Tun, das er nun auf seine seinshaften und qualitativen Gehalte hin auszuschöpfen lernt.«[40]

Was für das bildnerische Tun gilt, gilt in gleicher Weise für jede Übung des Leibes, so für die Übung des rechten Atems und der rechten Haltung und Bewegung. Erst dank einer Überwindung der unter den einschränkenden Bedingungen des eigenen Lebens und im Zeichen des »Ichs« entstandenen Fehlformen der Haltung und des Atems und im Zurücktretenlassen seines gegenständlich-intentionalen Bewußtseins tritt das eigene Wesen ins Innesein und wird zu seiner Entfaltung frei. Der Mensch muß dabei lernen, jede Bewegung von innen her als eine Gebärde zu verstehen. Er muß erkennen, daß, ob und wieweit er selbst als Person da ist oder in Paßformen steckt und in seinem Handeln und Sichgeben von Vorstellungsbildern bestimmt ist. Er muß lernen zu spüren, was es heißt, als Person vom Wesen her präsent zu sein in jeder Bewegung, in jedem Pinselstrich, in jeder Gebärde. In diesem Sinn aber kann nicht nur jede Kunst, die ein Können erfordert, sondern jede sich wiederholende Handlung des Alltags in Büro oder Küche, im Handwerk oder am fließenden Band

---

[40] M. Hippius, ›Das geführte Zeichen‹ in: M. Hippius (Hg.), *Transzendenz als Erfahrung*. Weilheim: O. W. Barth-Verlag 1966.

zur Übung gemacht werden. Der »Alltag als Übung«[41] gewinnt einen sehr präzisen Sinn, denn angefangen beim rechten Atem, dem nur aus der rechten Mitte heraus wesensgerecht möglichen Gehen, Stehen und Sitzen, Sprechen und Schreiben, bis hin zu ausnahmslos jeder Tätigkeit, in der der arbeitende Mensch eine Technik bewährt — alles wird im Zen Feld der Übung.

Es kommt nur auf die Grundeinstellung und Grundhaltung an, in der es geübt wird.

Für den Abendländer, der gewohnt ist, die Entfaltung des Wesens und die Selbstverwirklichung des Menschen aus dem Wesen heraus als eine rein »innere« Angelegenheit zu betrachten, mag es verwunderlich sein, daß in der Übung zum wahren Selbst der Leib eine so große Rolle spielen soll. Dabei geht es freilich nicht um den Körper, den man hat, sondern um den Leib, der man ist. In ihm als der Einheit der Gebärden, in denen der Mensch sich ausdrückt und darstellt, d. h. sich »darleibt«, ist er vom Wesen her gesehen richtig da oder falsch da. In ihrer Weise »da« zu sein, bekundet sich die Person in einer Gesamtverfassung, die jenseits des Gegensatzes von Leib und Seele ist.[42] Arbeit am Menschen als Arbeit an seiner Weise »da« zu sein, bedeutet immer Arbeit an seiner personalen, Seele und Leib umgreifenden Gesamtverfassung. So wird auch eine auf die Selbstverwirklichung des Menschen zielende Therapie, die sich allein auf das »Psychologische«, d. h. auf das analytische Gespräch beschränkt, bald der Geschichte angehören.

Wo es um die Wiederentdeckung des Wesens und seine Entfaltung geht, wird als Ansatzpunkt und Feld der Übung alles bedeutsam, das das Ursprüngliche noch ungeschmälert enthält. Dazu gehört vor allem die Urerfahrung der Sinne: die Farbe, der Ton, der Geruch, die Tastempfindung, der Geschmack und vor allem das Körpergespür. All dieses ist für die Arbeit am Menschen neu zu entdecken. Dabei geht es nicht nur um die Wiederentdeckung von Urerfahrungen im Raum des Vorpersonalen. Die ursprünglichen Sinnesqualitäten besitzen vielmehr, werden sie meditativ erfahren, in ihrer Sinnlichkeit eine übersinnlich-sinnliche Tiefe. So erlebt und verstanden, bilden

[41] Vgl. K. Graf Dürckheim, *Der Alltag als Übung*. Bern—Stuttgart: H. Huber Verlag ⁴1972.
[42] K. Graf Dürckheim, *Hara — Die Erdmitte des Menschen*, a.a.O.

sie eine Wurzel des übersinnlichen Geistes, der die Fülle des Lebens aufschließt. Statt sie als selbstverständliche Bedingung alles Erlebens achtlos beiseite zu lassen, müssen sie, ins Bewußtsein und zur Einsicht erhoben, den Rang gewinnen, der ihnen für die Entdeckung und Entwicklung des Wesens gebührt. Das gilt in vielleicht noch höherem Maße für das Körpergefühl und die von innen gespürte Bewegung. Es gibt keine neurotische Verhärtung, die sich nicht auch leibhaftig ausdrückt und in ihrer Leibform verfestigt. Der Neurotiker ist der Mensch, der sich im Leibe abhanden gekommen ist. Und daher ist auch die Reintegration des Leibes, die über das Innewerden der Fehlhaltungen zur beglückenden Befreiung geht, ein wesentlicher, ja unabdingbarer Faktor der Heilung.

Die rechte Weise dazusein, die im wahren Sinne personale Präsenz, verwirklicht sich dort, wo der Mensch sich als Mittler zwischen dem überraumzeitlichen Sein und dem raumzeitlichen Dasein bewährt. Vom Sein her in der Welt da zu sein, darauf kommt es an, und das lehrt Zen. Die Grundübung aber ist das Za-Zen.

Za-Zen

Auch eine noch so kurze Abhandlung über Zen muß dem Kernstück seiner Exerzitienpraxis, der Übung des Za-Zen, den gebührenden Raum zukommen lassen.

Was der Zen — insbesondere der Rinzai-Zen — an besonderen Übungen dadurch entwickelt haben mag, daß er auch die Welt des *Handelns* in den Kreis meditativer Übungen einbezog — die Grundübung ist und bleibt das S i t z e n, das Sitzen in der rechten Haltung, das Sitzen in Stille, das Sitzen in Versenkung, das Za-Zen.

Der Schüler des Zen beginnt den Tag mit Za-Zen und beschließt ihn mit Za-Zen. Und wann immer er einen Augenblick Zeit hat — und mehr und mehr findet er solche Augenblicke —, geht er in Za-Zen. Und wenn er des Nachts aufwacht und nicht gleich wieder einschläft, richtet er sich auf, kreuzt die Beine und übt Za-Zen. Kein Meditieren eines Inhaltes, eines heiligen Wortes oder Bildes, einfach *Sitzen*, mit dem ausdrücklichen Bemühen, sich auch aller Bilder und Gedanken zu entledigen, also möglichst im »Nichts« zu sitzen.

Den Menschen des Westens mag es zunächst sehr befremden, daß solch offensichtliches Nichts-Tun von Bedeutung, ja, von so entscheidender Bedeutung für das Heranreifen des Kernes unseres Menschseins und seiner Frucht, des *wahren Selbstes*, sein könnte. Und doch ist es so, und zwar keineswegs nur für den, dessen Sinn und Ziel aller geistlichen Übung das Einswerden des Ichs mit dem unsagbar Einen, d. h. das erlösende und erlöste Aufgehen in Ihm ist, sondern auch für den, dem diese Einswerdung das Aufspringen der Quelle bedeutet, die fortan sein Leben, Lieben und Gestalten in der *Welt* befruchtet und mit einem tieferen Sinn erfüllt. Denn für uns Menschen des Westens ist und bleibt die Welt, in der wir in diesem Dasein leben, der Raum der Bewährung. Im Hier und Jetzt dieses Daseins hat auch der zur vollen Befreitheit Herangereifte und Verwandelte von seiner Verwurzelung im überraumzeitlichen Sein zu zeugen.

Was das Za-Zen *ist*, kann man ebensowenig sagen, wie man sagen kann, was ein Ton oder eine Farbe, was ein Geruch, ein Geschmack oder was hart oder weich ist — man muß es hören, sehen, riechen, schmecken, tasten. So auch muß man das Za-Zen selber *sitzen*, und zwar nicht einmal, sondern wiederholt — wochen-, monate-, jahrelang —, um zu »wissen«, was es ist, besser gesagt, was es sein kann, noch richtiger gesagt: was man — dank Za-Zen — langsam *werden* und dann auch den Tag über *sein* kann. Den ganzen Tag über, denn Za-Zen meint und gibt etwas, das dann nicht nur während der Übung da ist, sondern immer: als eine das Wesen verkörpernde Haltung, die mit dem Gehalt, den sie ausdrückt, eins ist und den Menschen — der, in ihr ein anderer geworden, nun auch anders und anderes sieht — befähigt, jeden Augenblick zur besten aller Gelegenheiten zu machen, vom Sein zu zeugen in seiner »*Präsenz*«, d. h. in der Weise seines Gegenwärtig-Seins, in der *Qualität* seines Erlebens, im *Segen* und in der Fruchtbarkeit seines Tuns . . . oder Lassens.

Das Za-Zen

Der Sinn des Za-Zen ist der gleiche wie der aller im wahren Sinn *geistlichen* Übungen: Einswerden mit dem ». . .«, der Christ würde sagen: mit Gott, der Hinduist: mit Brahman, der Buddhist: mit . . . Der Buddhist ist am strengsten im Wahren der Unsagbarkeit des Unsagbaren. Spricht er von der »Buddha-natur«, so ist das nur ein Hinweis auf das unfaßbare Wesen aller Dinge, auf das eine Sein alles Seienden. Seine Präsenz im Bewußtsein wird durch jedes »Bewußtsein von Etwas« ausgelöscht. Sein Innewerden kann jene selige Stille, die jenseits aller »Gefühle« ist, bringen. Sie ist dann Ausdruck jenes Zustandes, in dem der Mensch ein- und heimgekehrt ist in das Wesen, das er im Grunde ist, dessen innezuwerden sich und der Welt zum Segen seine Chance, sein Auftrag und der Sinn seines Übens, d. h. des Za-Zen, ist.

Der Weg zu diesem Innewerden führt über die Leere. Gemeint ist die völlige Ablösung von allem, was unser an der Wirklichkeit der raumzeitlichen Welt, ihren Begriffen, Ordnungen und Bildern orientiertes raumzeitliches Bewußtsein in einer Weise ausfüllt und besetzt hält, die das Bewußtwerden des Wesens ausschließt. Im Za-Zen sollen wir ledig werden von allen weltbedingten Gegenständen und Emotionen; von allen Bildern, Vorstellungen und Begriffen. Da nun aber »Wachsein« im gewöhnlichen Sinn des Wortes das Dasein im *Ich* ist, das als waches Ich nie *ohne* Gegenstand ist, erhebt sich das Problem, wie sich in der Übung von diesem Ich befreien, dessen Anwesenheit und Wachheit gleichbedeutend ist mit dem Dasein von Bildern, Begriffen und Gedanken oder auch von Wünschen, Sorgen, Gefühlen, Hoffnungen und Ängsten. Die automatische Präokkupation — dieses Im-Voraus-Besetztsein — des natürlichen Bewußtseins ist das größte Hindernis auf dem Weg zu jenem Zustand, in dem der Mensch in ungestörter Fühlung mit seinem Wesen ist, d. h. eingegangen in die reine Fühlung des Seins. Dabei bedeutet Befreitsein vom gegenständlichen Bewußtsein keineswegs »Bewußtlosigkeit«. Es ist vielmehr wache Präsenz in einem anderen, nicht mehr gegenständlichen, sondern inständlichen Bewußtsein. Der Inhalt dieses Bewußtseins ist nicht mehr alles mögliche, das man (gegenständlich) *hat*, sondern der, der man *ist*, im Grunde ist — eben das Wesen als der individuellen Weise, in der das SEIN das Wesen aller Dinge, in uns anwest. Wo das Wesens-Bewußtsein dann vorherrscht, leuchtet das Wesen auch aus allen »Gegenständen« hervor. Es ist die individuelle Chance, die eigene Weise, mitten in Raum und Zeit in der raum- und zeitlosen Gegenwart, im *Ewigen Nun*, zu sein.

Im Hinblick auf eine geistige Übung, die zum übergegen-
ständlichen Sein hinführen soll, mag es merkwürdig klingen,
von einer »Technik« zu sprechen, denn eine vom Sein erfüllte
Präsenz ist jenseits eines gegenständlichen Bewußtseins und
jenseits alles willentlichen Tuns. Das Erlernen und die Beherrschung aller Technik jedoch erfordert beides. Wie löst sich
dieser Widerspruch? Er löst sich dadurch, daß die Technik sich
auf die Herstellung der raumzeitlichen *Bedingungen* bezieht,
unter denen das Überraumzeitliche offenbar werden kann und
dort, wo sie völlig beherrscht, also voll automatisiert ist, das
in ihr gebändigte und vollendet geformte Tun ganz von selbst,
ohne Beteiligung des von einem gegenständlichen Bewußtsein
gesteuerten Willens abläuft. Dann kann das LEBEN aus dem
Wesen ungestört hervorkommen, d. h. sich im Tun selbst einfach darleben.

In der gültigen Form personhaften Seins kann sich LEBEN
in seiner allbelebenden Fülle, in seiner alles durchdringenden
Gesetzlichkeit und seiner allverbindenden Einheit ungehindert
manifestieren. Das bedeutet: Es kann, in nie ruhender, erlö-
send-schöpferischer Bewegung, sowohl alles Gewordene ein-
schmelzen und heimnehmen als auch ohne Unterlaß Unge-
wordenes im ewigen Werden Gestalt werden lassen. Eben
diesem schöpferisch-erlösenden Leben steht der Mensch als der
jeweils Gewordene und sich in seiner Gewordenheit unwillkürlich Festhaltende im Wege. Diese Hindernisse zu beseitigen,
ist der Sinn der Technik des Za-Zen.

Der Übende kann das Gesuchte nicht *machen*, sowenig wie
der Gärtner das Wachsen seiner Pflanzen »machen« kann.
Aber er kann die Bedingungen schaffen, unter denen die Pflanzen wachsen können. Er kann und muß beseitigen, was ihrem
Wachstum im Wege steht, und fördern, was es ermöglicht.
So auch muß der Schüler des Zen im Za-Zen abbauen, was
der gesuchten Durchlässigkeit für das Sein im Wege steht, und
fördern, was sie ermöglicht.

Der Mensch steht der gesuchten Transparenz für die ihm
innewohnende Transzendenz im Wege durch:

1. sein »statisches«, d. h. im Feststellen sich bewährendes,
am Feststehenden sich haltendes, vom Feststehenden (bestimmten Bildern, Gedanken, Vorstellungen, Begriffen, Haltungen, Positionen) besetztes *Bewußtsein.*

2. eine *Haltung*, d. h. eine Weise, als ganzer Mensch, d. h. auch im Leibe da zu sein, die der allverwandelnden Bewegung des LEBENS ungemäß ist. In der der gesuchten Durchlässigkeit widersprechenden Haltung bekunden sich vielerlei Welt-Ich-bedingte Impulse, Triebe, Wünsche und Nöte, die der gesuchten Transparenz entweder als »Verhärtung« im Wege stehen oder aber als Formlosigkeit bzw. Aufgelöstheit LEBEN verhindern, *Gestalt* zu werden und sich als lebendige Gestalt zu offenbaren.

3. einen falschen *Atem*. Im rechten Atem als ewiger Verwandlungsbewegung findet LEBEN seinen ursprünglichsten Ausdruck. Im unrechten Atem ist sie verhindert, während er in dem Maß, als er »recht« ist und als rechter Atem das Bewußtsein ausfüllt, den Menschen inständlich automatisch im Einklang mit der Verwandlungsbewegung des LEBENS hält.

Die rechte Haltung

Die rechte Haltung, die der Za-Zen Übende einzunehmen hat, lehrt Meister Dôgen, der Begründer des (Soto-) Zen, wie folgt. Die Weisung gilt unverändert bis heute:

»Zum Üben legt man dort, wo man üben will, ein dickes Kissen aus und legt noch ein Sitzkissen darauf. Man kann *kekka-fuza* oder *hanka-fuza* üben. Unter *kekka-fuza* versteht man: erst den rechten Fuß auf den linken Oberschenkel legen und dort ruhen lassen, sodann den linken Fuß auf den rechten Oberschenkel legen und dort ruhen lassen. Unter *hanka-fuza* versteht man: lediglich den linken Fuß auf den rechten Oberschenkel legen. Kleider und Gürtel soll man locker tragen und doch in wohlgeordneter Form halten. Dann legt man die rechte Hand auf das linke Bein und läßt sie dort ruhen, man legt weiter die linke Hand auf die rechte Handfläche und läßt sie dort ruhen. Die beiden Daumen lehnen sich Gesicht zu Gesicht aneinander. Man hält dann den Leib aufrecht und sitzt auf rechte, strenge Weise. Man achte darauf, daß man weder nach links noch nach rechts, weder nach vorn noch nach hinten neige. Man achte auch darauf, daß Ohr und Schulter, Nase und Nabel je senkrecht übereinander stehen. Die Zunge hält man so, daß sie den Oberkiefer (Gaumen) berührt. Sowohl die Lippen als auch die Zahnreihen liegen an- und aufeinander. Die Augen soll man immer offenhalten. Der Atem zieht leise durch die Nase aus und ein. In dieser Weise ist die Körperstellung in der besten Ordnung. Jetzt holt man einen tiefen Atemzug, schwenkt sich nach links und rechts, bis man felsenfest zurecht sitzt. Man erwäge dieses Unwägbare. Denn hier liegt etwas Unwägbares vor. Wie soll man es dann erwägen? Mit dem Nichterwägen! Und das ist die wesenstiefe Kunst des Za-Zen.«

Hierzu ein ergänzender Kommentar des jüngst verstorbenen Zen-Meisters Hakuun Yasutani.[43]

»›Jetzt schwenkt man sich nach links und nach rechts, bis man felsenfest zurecht sitzt.‹ Man setzt den Körper in eine Pendelbewegung, zunächst in großen Schwingungen, dann aber mit immer kleinerer Schwingweite, bis der Körper zuletzt in der Mitte von selbst stillesteht. Dann sitzt man fest und kommt in den Zustand, wo man reglos wird wie ein Berg. Damit erst tritt man in die Sammlung (Konzentration) des Geistes ein.

›Man erwäge dieses Unwägbare. Denn hier liegt etwas Unwägbares vor. Wie soll man es aber erwägen? Mit dem Nichterwägen!‹ Während man noch ein Anfänger ist (was Anfänger bedeutet, hängt ab von dem Maßstab, den man anlegt), kommen beim Za-Zen verschiedene störende Gedanken in einem auf. Wenn man sich so einigermaßen ans Sitzen gewöhnt hat, so daß einen die Beine nicht mehr schmerzen und man immer mehr Fassung gewinnt, wird man leicht schläfrig. Selbst solche, die ziemlich lange zu schlafen pflegen, geraten, auch wenn sie nicht geradezu schläfrig werden, leicht in den Zustand einer Art Abwesenheit bzw. Zerstreutheit. Wenn dabei dann mit einer gewissen Hartnäckigkeit störende Gedanken aufkommen, so reden wir von der Krankheit der ›Verwirrung‹ (sanran). Wenn man in Schlafsucht oder Zerstreutheit gerät, so reden wir von der Krankheit des ›Versinkens‹. Beim Za-Zen soll das Bewußtsein nicht verschwinden, sondern in eine rechte, ordentliche Verfassung kommen, die diese beiden Zustände ausschließt. Unser Bewußtsein bewegt sich für gewöhnlich so eigenläufig im gewohnten Geleise, daß es sich nicht leicht kontrollieren läßt. Darum müssen wir lernen und wissen, wie wir den beiden Bewußtseinskrankheiten ›Versinken‹ und ›Verwirrung‹ entgehen. Sowohl Versinken als auch Verwirrung werden verschwinden, wenn wir vollen Ernst mit

[43] Hakuun Yasutani war auch der Lehrer von Philip Kapleau (Die drei Pfeiler des Zen. Weilheim: O. W. Barth-Verlag 1969).

der Übung machen. Versetzen Sie sich einmal in einen ernsthaften Kampf! Es geht um ›töten oder getötet werden‹. Sie stehen schon mit blankem Schwert Ihrem Gegner gegenüber. Jetzt kreuzen Sie die Schwerter. Was hilft Ihnen da die Ausrede, daß Sie nicht voll gegenwärtig, schläfrig und zerstreut seien, weil Sie heute nacht nicht gut geschlafen haben? In dieser Situation werden, auch wenn Sie niemals Za-Zen geübt haben, keinerlei störende Gedanken in Ihnen aufkommen. Auch nur ein Augenblick nachlassender Aufmerksamkeit, und Sie werden auf der Stelle niedergeschlagen! Und weil dem so ist, kann also jeder, wenn es ihm wirklich ernst ist, den Bewußtseinszustand erreichen, auf den es hier ankommt. Wenn ihm das nicht gelingt, so nur deshalb, weil er nicht wirklich Ernst macht. Es ist eine schmerzliche Tatsache, daß es uns Gewöhnlichen so schwerfällt, beim Üben Za-Zen so ernst zu nehmen, wie es erforderlich ist ... Dieses besteht darin, den Geist in den rechten Zustand zu setzen, der mit dem ›Nichterwägen‹ bezeichnet wird. (Der Geisteszustand jenseits des Hin und Her gegensätzlicher Positionen.) Damit ist das gemeint, worauf es für den Übenden während der Übung ankommt.«

Eine weitergehende Beschreibung des Meisters Yasutani: »Zuerst einmal müssen Sie sich zum Sitzen einen ruhigen Raum wählen. Nehmen Sie ein nicht allzuweiches Polster von etwa 35 Zoll im Quadrat und legen Sie ein kleines, kreisförmiges Kissen von etwa 12 Zoll Durchmesser darauf. Setzen Sie sich auf das Kissen und lassen Sie Ihre Beine auf dem Polster ruhen. Man sollte nicht Hosen tragen, die das Kreuzen der Beine erschweren. Aus mancherlei Gründen ist es am besten, in der vorschriftsmäßigen buddhistischen Haltung zu sitzen (*kekka-fuza*). Dazu muß man den rechten Fuß über den linken Schenkel und dann den linken Fuß über den rechten Schenkel legen. Die Hauptsache bei dieser Art des Sitzens ist es, daß man vollständige Festigkeit der Haltung erzielt, indem man eine weite, solide Basis erstellt, auf dieser Basis die Beine kreuzt, wobei beide Knie das Polster berühren. Mit der auf diese Weise eintretenden Unbeweglichkeit des Leibes werden auch die Gedanken nicht mehr durch irgendeine körperliche Bewegung angeregt, und wie von selbst wird auch der Geist ganz still. Wem es zu schwerfällt, in dieser Stellung zu sitzen, sitze *hanka-fuza*, d. h. beschränke sich darauf, den linken Fuß über den rechten Schenkel zu legen. Für den mit dem Za-Zen völlig unvertrauten Abendländer kann auch diese Stellung noch zu schwierig sein. Denn die Knie bleiben nicht unten, und man wird immer wieder das eine oder auch beide Knie herunterdrücken müssen, bevor man so zu sitzen lernt, daß beide auf dem Polster aufliegen. Wer weder *kekka-* noch *hanka-fuza* sitzen kann, der möge die Beine in gewöhnlicher Weise kreuzen oder einfach einen Stuhl benutzen.

Der nächste Schritt besteht darin, den Rücken der rechten Hand in den Schoß zu legen, wobei der Rücken der linken Hand in der Handfläche der rechten ruht. Bilden Sie mit den Daumen einen Ring, indem Sie die Spitze der Daumen einander berühren lassen. Und nun muß man wissen: Die rechte Seite des Leibes ist der aktive Pol, die linke der passive. Üben wir mit dem linken Fuß auf dem rechten, so unterdrücken wir den aktiven Pol, um so den höchsten Grad an Stille zu erreichen. Wenn Sie indessen ein Bild des Buddha betrachten, werden Sie feststellen, daß seine Haltung genau die entgegengesetzte ist: der rechte Fuß liegt oben! Dies ist so zu deuten, daß, im Unterschied zu uns, ein Buddha immer in Bewegung ist, andere zu retten.

Nachdem Sie Ihre Beine gekreuzt haben, biegen Sie sich nach vorn und drücken Ihr Gesäß nach hinten und kehren dann langsam zu einer aufrechten Haltung zurück. Der Kopf sollte gerade gehalten werden, so daß, wenn jemand Sie von der Seite ansieht, sich Ihre Ohren senkrecht über den Schultern befinden und Ihre Nasenspitze senkrecht über dem Nabel. Von der Taille aufwärts sollte Ihr Körper schwerelos und frei von Druck oder Anstrengung sein. Halten Sie Ihre Augen ein wenig offen und Ihren Mund geschlossen. Mit geschlossenen Augen fällt man leicht in einen stumpfen, träumerischen Zustand. Der Blick soll aber gesenkt sein und nicht auf etwas Besonderes gerichtet. Die Erfahrung hat gelehrt, daß der Geist am ruhigsten und am freiesten von Anstrengung oder Müdigkeit ist, wenn die Augen in dieser Weise gesenkt bleiben.

Die Wirbelsäule sollte stets aufrecht sein. Diese Vorschrift ist besonders wichtig. Wenn der Körper zusammensackt, wird nicht nur ein übermäßiger Druck auf die inneren Organe ausgeübt und deren freie Tätigkeit beeinträchtigt, sondern die Wirbel können unter Erzeugung verschiedener Belastungen auf die Nerven drücken. Da Geist und Körper eins sind, führt jede Beeinträchtigung des Körpers unausweichlich auch zu einer Beeinträchtigung des Geistes, so daß die Klarheit und

›Einspitzigkeit‹, die für eine wirksame Konzentration entscheidend sind, gefährdet werden. Vom Standpunkt des Werdens und Reifens aus gesehen, ist dabei eine ›Ladestock-Aufgerichtetheit‹ ebenso unerwünscht wie eine schlaffe Haltung. Denn jene ist der Ausdruck einer übermächtigen Selbstbetonung, diese dagegen Ausdruck eines ›elenden‹ Sichgehenlassens. Da beide Haltungen im kleinen Ich begründet sind, sind sie beide gleichermaßen ein Hindernis auf dem Wege der Erleuchtung. Denken Sie stets daran, den Kopf hochzuhalten; wenn sich der Kopf nach vorn oder auf eine Seite neigt und in dieser Fehlhaltung längere Zeit verbleibt, werden Sie im Nacken einen Krampf bekommen.«

Entscheidend für die Gewährleistung der richtigen Haltung ist die nie nachlassende Arbeit an der Aufrechterhaltung der rechten Vertikalen und ihrer Verwurzelung in der wohlgefestigten Horizontalen des Bauch-Becken-Kreuz-Raumes, d. h. des *Hara*.[44] Das beste Bild zur Veranschaulichung der rechten Basis ist der »Wurzelstock«. Mit jedem Atemzug wachsen seine Wurzeln tiefer in den Boden hinein, während Stamm und Krone aus ihm nach oben wachsen. Doch immer wieder stellt der Mensch fest, daß man etwas zusammengesunken ist, daß der Unterbauch weich geworden ist oder eingezogen wurde, und so die Wirbelsäule ihre natürliche, nur in der vollendeten Senkrechten gewährleistete Tragkraft verlor und infolgedessen auch der Kopf etwas nach vorne oder nach hinten fiel. Immer wieder also muß man sich voll aufrichten — ohne Angst vor dem Hohlkreuz! Was zunächst als geradezu unnatürlich aufrecht erscheint (der »Ladestock«), wird sogleich als richtig empfunden, wenn man, wie die Weisung lautet: »das Gesäß nach hinten drückt« (eine heitere Formulierung im Zen: »Der After betrachte die Sonne!«) und zugleich den Unterbauch etwas in die Leisten drückt. Mit einem Male spürt man dann, wie der Körper sich ganz von selbst und ohne Krampf in der vollendeten Aufrechten trägt, und der Mensch sich nach oben, aber auch nach allen Seiten und nach unten in die Weite wachsen spürt.

[44] Vgl. K. Graf Dürckheim, *Hara — Die Erdmitte des Menschen*, a.a.O.

Die vom Sinn der Übung geforderte Verwandlung des Bewußtseins betrifft zweierlei: den Bewußtseinsinhalt und die Bewußtseinsform, d. h. 1. die Entleerung, 2. die Verwandlung des Bewußtseins.

1. die Entleerung: Zum Freiwerden von Bewußtseinsinhalten, die den »Gang in die Tiefe« stören, lautet im Hinblick auf die immer wieder auftauchenden Bilder, Vorstellungen und Gedanken die erste Weisung: Vorüberziehen lassen wie Wolken!

Ein Mittel, sich von gegenständlichen Inhalten zu befreien, ist, dem Ich — das, wo es wach ist, immer aus seinem Ich-Stand heraus einen »Gegen-Stand« hat — einen Gegenstand zur Konzentration zu geben, der am Ende das Ich verschlingt! Der hierzu bevorzugte »Gegenstand« ist der *Atem*, genauer gesagt: der in voller Konzentration begleitete Rhythmus des Atems. In dem Maße, als dieser Rhythmus, z. B. nach der Formel: »aus — aus — ein« (die dem natürlichen Atem entspricht), das Bewußtsein dann eigenläufig erfüllt, nähert sich der Augenblick, in dem anstelle der »Konzentration« der eigentlich meditative Zustand eintritt, aus dem alle Gespanntheit auf einen Inhalt geschwunden ist und eine rhythmische »Gestimmtheit« eintritt, die dem Übenden widerfährt und sein ganzes Bewußtsein ausfüllt. Auf diese Gestimmtheit kommt es an. Der Ton des Seins ertönt ohne Unterlaß. Es kommt darauf an, daß wir als Instrument in einer Weise gestimmt sind, daß er in uns widertönen kann.

Eine altüberlieferte Methode zum Freihalten des Bewußtseins von Bildern und Gedanken ist das Zählen der Atemzüge. Die Weisung, immer bis zehn zu zählen, hat den Sinn, sowohl den Ehrgeiz der großen Zahl als auch die einschläfernde Automation des Immer-weiter-Zählens zu vermeiden.

Wie der Atem kann auch die Stelle, auf die das ein wenig geöffnete Auge fällt — wenn man sie nicht fixiert, sondern den Blick nur darauf ruhen läßt —, zur Stätte der Verwandlung des gegenständlichen zum inständlichen Bewußtsein werden. Mit einem Male ist sie nicht mehr »gegenüber«, sondern mit dem Übenden eins geworden. Und dann ist kein Ich und kein Gegenstand mehr da.

Eine weitere Möglichkeit zur Entleerung des Bewußtseins ist die Konzentration auf die Stelle, an der die beiden Daumen sich berühren. Einfach ohne Unterlaß die Naht-Stelle spüren. Um zu vermeiden, daß an den Berührungsstellen ein »Druck« der Daumen ist, ist es zweckmäßig, nicht die ganze linke Hand in den Handteller der rechten zu legen, sondern nur die Finger der linken Hand auf die Finger der rechten. Dann berühren sich die Daumen ganz von selbst nur ganz leicht.

Verwandlung der Bewußtseinsform

Die Verwandlung des Bewußtseins bedeutet als erstes, daß anstelle der Vorherrschaft des gegenständlichen Bewußtseins das S p ü r - Bewußtsein tritt. Dazu dient vor allem das *In-den-Leib-hinein-Spüren*. Was *spüre* ich eigentlich inständlich dort, wo ich etwas gegenständlich wahrnehme und weiß, z. B. daß da meine Daumen sich berühren, daß da mein Fuß liegt, daß da mein Gesäß den Boden berührt? In der Regel springt das ursprünglich Gespürte automatisch in ein »Gewußtes« um. Nun handelt es sich um das Wiedergewinnen ursprünglicher Fühlung, um Innewerden der Qualität des Gespürten bzw. der gespürten Qualität. Nicht anders ist auch der Atem zu begleiten — nicht als etwas, das dort und dort geschieht, das man hat oder macht, sondern als etwas, das man als Verwandlungsbewegung selber *ist*. Der Übende muß sich selbst von der rhythmischen Qualität seiner Bewegung bewegt spüren und den dieser Bewegung immanenten Sinn als etwas vollziehen, das ihm selbst widerfährt und das er selbst als ein Lebender ist. Im gleichen Sinne kann dann jede automatisierte Bewegung vollzogen werden. Der Alltag ist voll von solchen automatisierten Abläufen. Der Za-Zen Übende lernt sich ihrer tagsüber[45] zu immer neuer Fühlung mit seiner Tiefe zu bedienen. Hier liegt auch die Ursache für die verwandelnde Kraft des Mantrams. Mit seiner ewigen Wiederholung, laut oder auch nur innerlich gesprochen, befreit es den Menschen vom Bann seines gegenständlichen Bewußtseins und öffnet ein Tor zur Einswerdung mit seiner Wesenstiefe — und dies weniger durch seinen Inhalt als durch die Wiederholung der Formel. Natürlich wirkt sich das nur dort in der rechten Weise aus, wo der Geist des Übenden insgesamt auf Einswerdung mit dem Absoluten gerichtet ist.

Die Verwandlung des gegenständlichen Bewußtseins in das

---

[45] Vgl. K. Graf Dürckheim, *Der Alltag als Übung*, a.a.O.

Spürbewußtsein wird während des Za-Zen erleichtert, wenn man anfänglich die uns eingefleischte Lokalisierung des Bewußtseins in den Kopf (Stirn) aufgibt und statt dessen das Bewußtsein im Nacken bzw. dem oberen Teil der Wirbelsäule placiert, d. h. sich selbst dort spürt — und von dorther sieht. In dieser Weise kann man auch die Stelle am Boden »sehen«, auf die die ein wenig geöffneten Augen fallen. Das Gesehene hat dann einen ganz anderen Charakter als dort, wo es vom fixierenden Kopf-Bewußtsein wahrgenommen wird. Vielleicht kann man sagen, daß das Bewußtsein, auf das es nun ankommt, nicht das im Großhirn entwickelte mentale Bewußtsein ist, auch nicht das dem ursprünglichen Leben nähere, im Kleinhirn liegende, prämentale Bewußtsein, sondern ein postmentales Bewußtsein, dessen Ort der ganze Leib ist — so wie auch die Verwandlung des Menschen zur Einswerdung mit der Buddhanatur in einer Veränderung seiner Befindlichkeit im ganzen Leibe erfahren wird.

Der auf dem Weg zum Wesen gesuchte Bewußtseinszustand ist nicht nur über-gegenständlich, sondern über-gegensätzlicher Natur. Sein Entstehen wird gefördert durch das »Aushalten« der zu quälender Nicht-Aushaltbarkeit sich steigernden Gefühle, Empfindungen, so auch von Schmerzen, z. B. in den Beinen. Wo Schmerzen, die nicht zum Aushalten sind, doch ausgehalten werden in völliger Unbewegtheit, *kann* ein Zustand entstehen, der jenseits von Schmerz und Nicht-Schmerz ist.

Der Atem

Von ausschlaggebender Bedeutung für eine sinngemäße und weiterführende Übung des Za-Zen ist der Umgang mit dem Atem. Hier wird es in besonderer Weise deutlich, wie fern Zen sich von allem hält, was vom Menschen »gemacht« ist, und wie er überall die Wahrheit dadurch zu finden und zu leben sucht, daß er auf das eingeht, was die ursprüngliche Natur meint oder ganz unmittelbar von der konkreten Situation im Alltag gefordert wird. »Nur das und sonst nichts«, lautet die alte Weisung. In diesem »sonst nichts« ist alles enthalten, was Zen von der rechten Haltung erwartet. So ist auch der im Zen geübte Atem fern von dem z. B. im Hatha-Yoga geübten Atem. Die einzige Veränderung eines Atems, die Zen erstrebt, ist die Aufhebung jeder Deformierung des natürlichen Atems, die insbesondere durch die Vorherrschaft des Welt-Ichs und die damit meist gegebene Verlagerung des rechten Schwerpunktes »nach oben« gegeben ist, mit der Folge, daß die notwendige Bewegung des Zwerchfells durch eine Arbeit der Hilfsmuskulatur ersetzt wird.

In der Übung des Za-Zen hat es sich als nützlich erwiesen, den faktischen Sinn, den der Atem als Verwandlungsbewegung in sich trägt, ins Bewußtsein zu heben, und den Sinn, den die einzelnen Phasen des natürlichen Atems in sich tragen, bewußt werden zu lassen, beim Üben im Innesein zu bewahren und so die eingefleischten Fehlformen allmählich abzubauen. Auf die einfachste Formel gebracht geht es dabei um folgendes:

Wo immer geistliche Übung den Sinn hat, die Einswerdung mit dem Absoluten — wie immer es auch genannt werden mag — zu fördern und also abzubauen, was dieser Einswerdung im Wege steht, geht es um ein Freiwerden von der Identifikation mit dem gegenständlich fixierenden und sich in seinen Positionen festhaltenden Ich.

Der natürliche Atem, wo er in Ordnung ist, vollbringt diese Leistung weitgehend ganz von selbst. So kommt es darauf an, sich dieser Leistung bewußt zu werden und sie in der Übung bewußt zu erfahren, d. h. auch wach mitzuvollziehen. Dies geschieht in der einfachsten Weise dadurch, daß man sich des Ausatems als einer Bewegung inne wird, in der der Mensch — fern davon, sich seiner nur zum Holen und Lassen von Luft zu bedienen — *sich* öffnet und wieder schließt, *sich* hergibt und wieder — neu — zurückempfängt. Der Übende muß lernen, den Atem als eine Weise zu empfinden, sich von Gewordenem und Verhärtetem zu befreien und der im Einatem erfahrbaren Erneuerungsbewegung den rechten Raum zu schaffen. Fließt der Atem in seinem natürlichen, ursprünglichen und heilen Rhythmus, dann nimmt der Einatem in der Regel ein Viertel der Zeit des ganzen Atems. Der Ausatem zuzüglich der Atempause zwischen Aus und Ein nimmt zur Vorbereitung des natürlich aufspringenden Einatems die dreifache Zeit. Dies 3:1 enthält in sich: 1. das Sich-Loslassen, 2. das Sich-Niederlassen, 3. das Sich-Einswerdenlassen. Genauer gesagt: 1. das Sich-Loslassen im hochgezogenen Oberkörper (Schultern, Brust), 2. das Sich-Niederlassen in den Beckenraum (Hara) und 3. das Sich-Einswerdenlassen mit dem Beckenboden. Wo das wirklich geschieht, kommt der Einatem ganz von selbst hoch und wird als erfrischende Erneuerung des Gesamtbefindens erfahren. Eine Formel, die das gleiche in vertiefter Weise zum Ausdruck bringt und mit der der Übende seinen Atem begleiten kann, lautet: sich *hergeben*, sich *hingeben*, sich *aufgeben* — und (im Einatem) sich erneuert *zurückempfangen*.

Alle Aktivität des Übenden, sofern eine solche überhaupt erforderlich ist, betrifft also ausschließlich den Ausatem. Der Einatem kommt von selbst. Natürlich betrifft auch dieses den Sinn des Atems bewußt vollziehende Atmen nur die Phase der Konzentration, die jede Übung einleitet, um dann erst, wenn die Bewegung von selbst geschieht, in die Phase der Meditation im engeren Sinne des Wortes überzugehen.

Ein Urteil darüber, was Za-Zen dem Übenden bringen kann, kann nur der fällen, der es mit größter Regelmäßigkeit und in der rechten Weise wenigstens einige Monate lang geübt hat. Die herkömmliche Mindestdauer der Übung beträgt dreißig bis vierzig Minuten.

Die drei Stufen des Bewußtseins und die fünf Schritte des Weges

Das individuelle Wesen eines Menschen ist die Weise, in der das divine Sein in ihm zur Manifestation drängt. Das Offenbar-Werden des Seins im Dasein wird verstellt, wo sich das gegenständliche Bewußtsein des Ichs und seine Ordnung absolut setzt. Um des Seins bewußt, d. h. »inne« zu werden, bedarf es eines anderen Bewußtseins. Es bedarf anstelle des gegenständlichen Bewußtseins eines »inständlichen« Bewußtseins[46], darin Sein und Bewußtsein im Innesein in eins zusammenfallen. Um die Befreiung dieses Bewußtseins geht es im Zen.

Wir bewegen uns meist so fraglos im Geleise des Gekannten, Gekonnten und Gewohnten, daß wir uns nur selten Rechenschaft darüber ablegen, daß gleichsam an den Rändern unseres gewöhnlichen Denkraumes der Widerschein eines größeren Lebens aufleuchtet, das ungekannt und ungewöhnlich ist. Unser Tagesbewußtsein gleicht der Oberfläche einer

---

[46] K. Graf Dürckheim, *Erlebnis und Wandlung*, a.a.O.

Insel, die rings umspült ist vom Meer, dessen Wesen und Weite sich dem Vorstellungsvermögen der Inselbewohner entzieht wie alles, was unter der Oberfläche der Insel ist. Unser ganzes Leben ist durchwirkt von einem unerklärbaren Geheimnis, aber nur »unterschwellig« sind wir auch in unserem Tagesbewußtsein damit verwoben. Doch wir sind bestimmt, das Geheime durch uns hindurch offenbar werden zu lassen, das sich, wie am Tage die Sterne, im Licht unseres gegenständlich fixierenden Bewußtseins unseren Blicken entzieht. Das ist der Sinn aller initiatischen Übungswege, und so auch des Zen.

Der Weg des Menschen ist der Weg der Entwicklung seines Bewußtseins.[47] Am Anfang steht er auf der prämentalen Stufe (I), auf der er noch »jenseits« aller Gegensätze dahinlebt. Sein Bewußtsein ist Ausdruck ungeteilten Lebens. Und am Ende geht es um die Gewinnung des höheren, postmentalen Bewußtseins, das wieder »jenseits« aller Gegensätze ist (III). Diese Stufe meint Zen. Dazwischen lebt er auf der mentalen Stufe (II) des Bewußtseins, die vom gegenständlich fixierenden Ich bestimmt ist.

Das Wörtchen »jenseits« hat also einen zweifachen Sinn, einen prämentalen und einen postmentalen. Es bezieht sich auf etwas, das sowohl tragend als bewegend in der W u r - z e l s c h i c h t unseres Bewußtseins am Werk ist, aus der sich der Mensch im Zuge seiner geistigen Entwicklung aber entfernt. Und es bezieht sich auf etwas, wozu der Mensch wieder hinfinden kann, wenn er die Bewußtseinsform überwächst, die ihn den Wurzeln entfremdet. Die Erfahrungsweisheit des Zen bezieht sich auf diejenige Geistesebene, auf der unsere gewöhnliche Bewußtseinsform überschritten ist. In ihr wird LEBEN also nicht prämental, sondern postmental erfahren. Diese Ebene wird sich jedoch um so leichter öffnen, als die Wurzelschicht in uns noch unterschwellig mitschwingt. Wer diese überhaupt nicht mehr spürt oder ernst nehmen kann und die Äußerungen, in denen sie anklingt, nur als frühkindliche oder primitive anzusehen vermag, hat es schwer, den Zugang zu Zen zu finden.

Auch in der Entfremdung vom ursprünglichen, vorgegenständlichen Bewußtsein, die sich in der Ausbildung des gegen-

[47] J. Gebser, *Ursprung und Gegenwart*. Stuttgart: Deutsche Verlagsanstalt ³1971.

ständlichen Bewußtseins vollzieht, können wir, ohne unheil zu werden, nur leben, solange die Fühlung mit dem Sein noch insgeheim da ist. Wird sie durch das gegenständliche Bewußtsein und seine logischen, ästhetischen und ethischen Gesetze und Ordnungen völlig verdrängt, so kommen wir irgendwann einmal an eine Grenze, an der wir entweder erstarren und veröden oder, sie durchbrechend, zur dritten, der postmentalen Ebene hinfinden müssen. So führt der Weg vom Prämentalen über das Mentale zum Postmentalen hin. Um diesen Durchbruch geht es im Zen.

Die zweite, die mentale Stufe des Bewußtseins, deren Sinn, aufs Ganze gesehen, Vorbereitung und Übergang zur dritten ist, enthält ihrerseits drei Schritte: II., 1. Die Entwicklung und Ausbildung des gegenständlichen und gegensätzlichen Bewußtseins. Diese Entwicklung treibt den Menschen in den zweifachen Gegensatz von Ich — Welt und Ich — Wesen hinein. Der Mensch nimmt aber zunächst nur die Spannung zwischen Ich und Welt wahr. Er verdrängt sein Wesen und seine Verankerung im Sein und liefert sich ganz der Auseinandersetzung mit der Welt aus, um sie zu meistern, in ihr zu bestehen und in ihr zu dienen. Dies treibt ihn immer mehr in die Entfremdung vom Sein. Das ist der erste Schritt innerhalb der mentalen Stufe.

II., 2. Das Leiden an der das Wesen verdrängenden Spannung zwischen Ich und Welt treibt den Menschen in seine Innerlichkeit zurück. Dann sucht er der Auseinandersetzung mit der Welt zu entfliehen. Da er in der Welt lebt und ihre Forderungen nicht schweigen, reißt es ihn hin und her zwischen einem Leben in der Welt, die über seine Innerlichkeit hinweggeht, und einem Verweilen-wollen in seiner zum Wesen hin offenen Innerlichkeit, darin er die Welt verneint. Der Versuch, sich ganz in der Innerlichkeit, aus der das Wesen ruft, zu beheimaten, vertieft nur noch die Gegensätzlichkeit zur Ich-Welt. Aber eben diese Spannung zwischen seiner Innerlichkeit und der Welt kennzeichnet die Phase des zweiten Schrittes in der Entwicklung des mentalen Bewußtseins. Aus der Untragbarkeit dieser Spannung folgt der dritte Schritt innerhalb der II., der mentalen Stufe des Bewußtseins.

II., 3. Auf die dritte Stufe der mentalen Ebene gelangt nur, wer durch erste Seinserfahrungen sein Wesen und das in ihm anwesende Sein befreiend und beglückend erlebt hat und nun sucht, sich außerhalb des Gegensatzes Innerlichkeit — Welt niederzulassen. So aber stellt er sich aus allem heraus und sucht, sein wahres Wesen immer wieder nur »abseits« in der Versenkung zu erspüren und sich im Sein, das jenseits des Gegensatzes Innerlichkeit — Welt ist, niederzulassen. Erfährt er in seinen Seinsfühlungen die Befreiung von aller Not, dann sucht er darin zu verweilen. Diese Art Heimkehr in weltabgewandte Stille kann eine Flucht sein, Ausdruck einer rückwärtsgewandten Sehnsucht. Sie kann ein Zurückgleiten in die Einheit der Mutterwelt bedeuten. Es kann eine solche Einkehr aber auch eine neue Entwicklung einleiten, die Ausdruck eines neuen Gewissens ist, das zu echter Selbstverwirklichung führt. Und damit erst vollzieht der Mensch den Schritt seiner Bewußtseinsentwicklung, mit dem der Bann der Ichwelt von ihm weicht, weil er jetzt erst sein wahres Selbst entdeckt, darin Ich und Wesen im vollen Personsein integriert sind. Er ist der Schritt zur III. Stufe.

Aber der Mensch bleibt in alle Ewigkeit doch auch das Ich, das schicksalsgebunden in der Welt steht, und so muß er eines Tages entdecken, daß der Friede, den er außerhalb aller Gegensätze des Lebens gefunden zu haben glaubt, ein fauler Friede ist. So wie er vordem sein Menschsein verfehlte, weil er sein Wesen verdrängte, so verfehlte er sich jetzt, wenn er sein »IchSein« in der Welt, den Widerspruch zwischen dem überraumzeitlichen Wesen und der raumzeitlich bedingten Welt nicht will. Gerade dort, wo er glaubte, aller Gegensätzlichkeit des Lebens entronnen zu sein, erfährt er leidvoll den unaufhebbaren d. h. sich immer wieder einstellenden Gegensatz. So muß er immer von neuem zurück in sein Welt-Ich und ja sagen zu seinem menschlichen Schicksal. Er muß zurück in die Welt und das Leiden auf sich nehmen, das aus ihrem Gegensatz zum Überweltlichen kommt. Das kann einen Rückfall einleiten, wenn der Mensch verrät, was er auf dem 3. Schritt der zweiten Stufe erfuhr, und nun wieder in sein altes Ich zurückfällt. Es kann aber auch ein Fortschritt sein, der 5. Schritt, durch den der nun die postmentale Stufe des Bewußtseins, die sich im 4. Schritt, d. h. dem 3. der II. Stufe anzeigte, wirklich die Gegensätzlichkeit überwächst, indem es sie annimmt. Dieses ist der entscheidende Schritt in das wahre, Ich und Wesen integrierende Selbst!

An der Schwelle, die der 5. Schritt überschreitet, ist die Große Erfahrung, und in ihr das Aufgehen des inneren Auges, das Sein und Dasein vereint sieht. Hier erst wird es möglich, das gegensätzliche Dasein nicht mehr im Gegensatz zum nichtgegensätzlichen Sein zu empfinden, sondern das erfahrene Sein im Dasein selbst wahrzunehmen. Mit dem 4. Schritt sucht der Mensch das Welt-Ich aufzuheben im Wesen. Mit dem 5. muß er es wieder annehmen. Erst wenn er sich der Gegensätze des Lebens als der Weise bewußt wird, in der das Nicht-Zwei sich gibt, wenn es durch das Prisma des fixierenden Ichs geht, wird er fähig, das Leiden anzunehmen und fruchtbar werden zu lassen, das im Kampf zwischen Licht und Dunkel, zwischen Gut und Böse, Sein und Nichtsein für immer das Leben des Menschen erfüllt. Gerade weil er nun selbst, im Wesen verankert, irgendwo jenseits von Leiden und Nicht-Leiden steht, leidet er nicht etwa nicht mehr, sondern k a n n leiden. Er leidet nicht mehr das unfruchtbare, verbitternde Leiden, das ohne Sinn und Ausweg ist, sondern sein Leiden bringt Frucht und Verwandlung. Weil er erfuhr, was jenseits von »Ursache und Wirkung« ist, und das Prinzip kennt, dem dieses Verhältnis entstammt, kann er alle Sackgassen anders ertragen und ihnen aus seiner Freiheit fruchtbarer begegnen. Er ist auf den Grund gekommen. Von ihm aus kann er sein Schicksal, auch wenn es sehr schwer ist, in einer Weise hinnehmen, handhaben und fruchtbar machen, die vom gewöhnlichen Bewußtsein her oft übermenschlich anmutet. In Wahrheit aber zeigt sie nur, was der Mensch im Grunde und wenn er zu seiner Ganzheit gekommen ist, eigentlich ist. Für sein Erleben der Welt und für sein Verhalten in ihr hat sich alles verwandelt. Lebt das Übergegensätzliche im Innesein »inständlich« weiter, gewinnt auch das Leiden an den Gegensätzen eine andere Bedeutung. Denn in allem spürt der Mensch nun das schöpferisch-erlösende Sein, das, was auch immer ihm nun geschieht, ihn sowohl heimliebt in den all-einen Grund als auch ihn immer wieder mit der Kraft der Verwandlung und schöpferischer Gestaltung in die Welt entläßt.

Die Fünfschrittformel durchwirkt alles menschliche Leben, wo es nicht stehen bleibt, sondern dialektisch voranschreitet bis zu seiner Erfüllunng im *Nicht-Zwei*. Bewußtes Leben ist gespannt zwischen Polen, von denen erst der eine, dann der andere »gewinnt«. In der Aufhebung der Pole in einem Überpolaren ist menschliches Leben nicht wirklich. Erst wenn der Mensch das Gegensätzliche wieder annimmt, das er in der Abkehr zurückließ, und das Übergegensätzliche, das er in der Abkehr erfuhr, auch mitten im Gegensätzlichen der Welt wiederfindet, bewegt er sich der Vollendung entgegen.

Zen denkt, lebt und übt in der 5-Schritt-Dialektik des Lebens. Die in der Übung zu durchschreitende Dialektik (was etwas anderes ist, als sie nur zu denken) hat zugleich symbolische Bedeutung für das menschliche Leben, wo dieses »zum Ende, das die Erfüllung ist«, durchlebt, durchlitten und gestaltet wird.

Meinem Lehrer im Zen, Takeharu Teramoto, verdanke ich einen Text von unausschöpflicher Tiefgründigkeit, der die Dialektik der fünf Schritte in einmaliger Weise anschaulich macht: »Die Geschichte der wunderbaren Kunst einer Katze«.

Takeharu Teramoto, Admiral a. D. und Professor an der Marineakademie in Tokyo, hatte als seine Übung (Gyo) das Schwertfechten. Sein Meister war der letzte Meister einer Fechtschule, in der seit dem Anfang des 17. Jahrhunderts die Geschichte von den 5 Katzen als geheime Übungsanweisung von Meister zu Meister gereicht und schließlich ihm von seinem Meister überlassen wurde.[48]

DIE GESCHICHTE VON DER WUNDERBAREN KUNST EINER KATZE

Es war einmal ein Fechtmeister namens Shoken. In seinem Hause trieb eine große Ratte ihr Unwesen. Selbst am hellen Tage lief sie herum. Da machte der Hausherr einmal das Zimmer zu und gab seiner Hauskatze Gelegenheit, die Ratte zu fangen. Die aber sprang der Katze ins Gesicht und biß sie so, daß sie laut schreiend davonlief. So also ging es nicht. Und so brachte der Hausherr einige Katzen herbei, die in der Nachbarschaft einen tüchtigen Ruf genossen, und ließ sie in das Zimmer hinein. Die Ratte kauerte in einer Ecke und sowie eine Katze ihr nahte, sprang sie sie an, biß sie und schlug sie in die Flucht. So ungestüm sah die Ratte aus, daß die Katzen alle zögerten, sich noch einmal an sie heranzuwagen. Da wurde der Hausherr zornig und lief selber der Ratte nach, um

[48] Anfang der 40er Jahre wurde der Text zusammen mit 4 anderen Texten zur 5-Schritt-Dialektik gedruckt. Die hier vorliegende Übersetzung 1944 ist das Ergebnis langer und sorgfältiger Zusammenarbeit mit T. Teramoto und F. Hashimoto.

sie zu töten. Sie aber entschlüpfte jedem Hieb des erfahrenen Fechtmeisters, und er konnte sie nicht erwischen. Er schlug dabei Türen, Shojis, Karakamis u. a. entzwei. Aber die Ratte huschte durch die Luft — schnell wie ein fahrender Blitz, entging jeder seiner Bewegungen und sprang ihm ins Gesicht und biß ihn. In Schweiß gebadet rief er schließlich seinem Diener zu: »Man sagt, sechs bis sieben Cho von hier sei eine Katze, die die tüchtigste in der Welt sei. Geh und hole sie her!« Der Diener brachte die Katze. Sie schien sich nicht von den anderen Katzen zu unterscheiden, sah weder besonders klug noch besonders scharf aus. So traute der Fechtmeister ihr auch nichts Besonderes zu, aber er machte die Tür etwas auf und ließ sie hinein. Ganz ruhig und langsam ging die Katze hinein, so als erwarte sie gar nichts Besonderes. Aber die Ratte fuhr zusammen und rührte sich nicht. Und die Katze ging ganz einfach und langsam heran und brachte sie im Maul heraus.

Am Abend versammelten sich in Shokens Haus die geschlagenen Katzen, baten respektvoll die alte Katze auf den Ehrensitz, knieten vor ihr nieder und sagten bescheiden: »Wir alle gelten als tüchtig. Wir alle haben uns in diesem Wege geübt und uns die Klauen geschärft, um damit jede Art von Ratten, ja sogar Wiesel und Ottern besiegen zu können. Wir hätten niemals gedacht, daß es eine so starke Ratte geben könnte. Aber mit was für einer Kunst habt Ihr sie so leicht besiegt? Macht doch kein Geheimnis aus Eurer Kunst und erzählt uns doch Euer Geheimnis!« Da lachte die Alte und sprach: »Ihr jungen Katzen, Ihr seid zwar ganz tüchtig. Aber Ihr wißt im rechten Weg nicht Bescheid. So verfehlt Ihr, wenn etwas Unerahntes Euch begegnet, den Erfolg. Doch erzählt erst Ihr mir, wie Ihr Euch geübt habt.«

Da rückte eine schwarze Katze heran und sagte: »Ich stamme aus einem Haus, das für den Rattenfang berühmt ist. So entschloß auch ich mich zu diesem Weg. Ich kann Wandschirme von 2 m Höhe überspringen. Ich kann mich durch ein winziges Loch zwängen, durch das sonst nur eine Ratte durchkommt. Von Kind auf habe ich alle akrobatischen Künste geübt. Auch wenn ich beim Aufwachen aus dem Schlaf noch nicht ganz da bin, eben dabei, mich wiederzufinden, und sehe da eine Ratte über den Balken laufen — schon habe ich sie. Die Ratte von heute aber war stärker, und ich habe die furchtbarste Niederlage erfahren, die ich in meinem Leben jemals zu erleiden gehabt. Ich bin beschämt.« — Da sagte die Alte: »Worin Du Dich da geübt hast, ist eben nichts als nur Technik! (*Shosa* — die rein physische Kunst.) Dein Geist ist aber besetzt mit der Frage: Wie gewinnen? So haftest Du ja noch am Zielen! Wenn die Alten ›Technik‹ lehrten, so taten sie es, um damit eine W e i s e des W e g e s (*michisuji*) zu zeigen. Ihre Technik war einfach, beschloß jedoch die höchste Wahrheit in sich. Die Nachwelt aber beschäftigt sich nur noch mit Technik. Dabei erfand man zwar vieles, so nach dem Rezept: ›Wenn man d i e s und d a s macht, da kommt dies und jenes dabei heraus.‹ Was aber kommt dabei heraus? Nichts als eine Geschicklichkeit. Und unter Preisgabe des überlieferten Weges entstand unter Aufbietung von viel Klugheit der Wettbewerb in Technik bis zur Erschöpfung, und nun kommt man nicht weiter. Das ist immer so, wenn man nichts als die Technik im Sinn hat und ausschließlich die Klugheit betätigt. Zwar ist die Klugheit eine Funktion des Geistes, wenn sie aber nicht auf dem W e g fußt und allein auf Geschicklichkeit abzielt, dann wird sie zum Ansatz von Falschem und das Errungene zum Übel. Also geh in Dich und übe von nun an im rechten Sinn weiter.«

Darauf rückte eine große Katze mit einem Tigerfell heran und sprach: »In der Ritterkunst kommt es, so meine ich, nur auf den Geist an. So habe ich mich daher seit jeher in dieser Kraft geübt (*ki wo neru*). Mir ist dann, als sei mein Geist ›stahlhart‹ und frei und geladen von dem ›Geist ki‹, der Himmel und Erde erfüllt.« (Menzius) »Sehe ich den Feind, schon schlägt dieser allgewaltige Geist ihn in Bann, und ich gewinne den Sieg schon im voraus. Erst dann gehe ich vor! Ganz einfach, so wie es die Lage erfordert. Ich richte mich nach dem ›Klang‹ meines Gegners, banne die Ratte, wie es mir beliebt, nach links oder nach rechts und komme jeder Wendung entgegen. Um die Technik als solche kümmere ich mich überhaupt nicht. Die kommt von selber. Eine Ratte, die über den Balken läuft, starre ich nur an, und schon fällt sie herunter und ist mein. Aber diese geheimnisvolle Ratte da kommt ohne Gestalt und geht ohne Spur. Was ist das? Ich weiß es nicht.« Da sagte die Alte: »Worum Du Dich da bemüht hast, ist wohl das Wirken, das aus der großen Kraft kommt, die Himmel und Erde erfüllt. Aber was Du gewonnen hast, ist doch nur eine psychische Kraft und ist nicht von dem Guten, das den Namen des Guten verdient. Allein schon die Tatsache, daß

Du Dir der Kraft, mit der Du siegen willst, bewußt bist, wirkt dem Siege entgegen. Dein Ich ist im Spiel. Wenn das des anderen aber stärker ist als das Deine, was dann? Wenn Du den Feind mit dem Übergewicht Deiner Kraft besiegen willst, stellt er Dir die seine entgegen. Bildest Du Dir denn ein, allein stark zu sein und alle anderen schwach? Wie aber soll man sich verhalten, wenn es etwas gibt, das man mit bestem Willen nicht mit dem Übergewicht der eigenen Kraft besiegen kann? — Das ist die Frage! Was Du da als ›frei‹ und ›gestählt‹ und als ›Himmel und Erde erfüllend‹ in Dir fühlst als geistige Kraft, das ist nicht die große Kraft *(ki no sho)* selbst, sondern nur ihr Abglanz in Dir. Es ist Dein eigener Geist, also nur der Schatten des großen Geistes. Er gibt sich zwar so wie die große, breite Kraft, in Wirklichkeit aber ist er etwas völlig anderes. Der Geist, von dem Menzius spricht, ist stark, weil er von großem Klarsinn bleibend erhellt ist. Dein Geist aber gewinnt seine Kraft nur unter bestimmten Bedingungen. Deine Kraft und die, von der Menzius spricht, haben verschiedenen Ursprung, und so ist auch ihr Wirken verschieden. Sie unterscheiden sich wie der ewige Strom eines Flusses, z. B. des Yangtsekiang, und eine plötzliche Flut, die über Nacht kommt. Was aber ist der Geist, den man bewähren soll, wenn einem etwas gegenübersteht, das von keiner bedingten Geisteskraft *(kisei)* besiegt werden kann? — Das ist die Frage! Ein Sprichwort sagt: ›Eine Ratte in der Klemme beißt auch die Katze.‹ Ist der Feind in der Todesklemme, ist er auf nichts angewiesen. Er vergißt sein Leben, vergißt alle Not, vergißt sich selbst, ist frei von Sieg und Niederlage. Er hat g a r n i c h t mehr die Absicht, seinen Bestand zu sichern. Und darum ist sein Wille wie Stahl. Wie könnte man ihn mit einer Geisteskraft besiegen, die man sich selbst zuschreibt?«

Nun rückte eine ältere graue Katze langsam heran und sagte: »Ja, wirklich, es ist wie Ihr sagt. Die psychische Kraft hat, so stark sie auch sein mag, in sich selbst eine Form *(katachi)*. Was aber Form hat, so klein es auch sei, es ist faßbar. Daher habe ich seit langem meine Seele *(kokoro*, die Herzkraft) geübt. Ich übe nicht die Kraft aus, die den anderen geistig überwältigt (das ›sei‹, wie die zweite Katze). Ich schlage mich auch nicht herum (wie die erste Katze). Ich versöhne mich mit meinem Gegenüber, lasse mich mit ihm eins werden und widersetze mich ihm überhaupt nicht. Ist der andere stärker als ich, so gebe ich einfach nach und bin ihm gleichsam zu Willen. Meine Kunst besteht gewissermaßen darin, die fliegenden Kieselsteine in einem losen Vorhang aufzufangen. Eine Ratte, die mich angreifen will, mag noch so stark sein, sie findet nichts vor, worauf sie sich stürzen, nichts, woran sie ansetzen könnte. Aber die Ratte von heute ging einfach nicht auf mein Spiel ein. Sie kam und ging unfaßbar wie Gott. Dergleichen habe ich noch nie gesehen.«

Da sagte die Alte: »Was du Versöhnlichkeit nennst, kommt nicht aus dem Wesen, nicht aus der großen Natur. Es ist eine gemachte, künstliche Versöhnung, ein Kniff. Bewußt willst Du damit dem Angriffsgeist des Feindes entgehen. Weil Du aber, und sei es auch noch so flüchtig, daran denkst, so merkt er ja Deine Absicht. Gibst Du Dich aber in solcher Geistesverfassung ›versöhnlich‹, so kommt damit Dein dem Angriff zugewandter Geist nur durcheinander, wird getrübt, und die Präzision Deiner Wahrnehmung und Deines Handelns ist gestört. Was immer Du mit bewußter Absicht tust, schränkt die ursprüngliche und aus dem Verborgenen wirkende Schwingung der großen Natur ein, stört den Fluß ihrer spontanen Bewegung. Wo sollte da eine wunderbare Wirkkraft herkommen? Nur wenn man an nichts denkt, wenn Du nichts willst und nichts machst, sondern Dich mit Deiner Bewegung der Schwingung des Wesens (shizen no ka) überläßt, hast Du keine greifbare Form mehr, kann nichts auf Erden als Gegen-Form auftreten; und dann gibt es auch keinen Feind mehr, der widerstehen kann.

Ich bin nun durchaus nicht der Meinung, daß alles, worin Ihr Euch geübt habt, zwecklos sei. Alles und jedes kann eine Weise des Weges sein. Auch Technik und Weg können ein und dasselbe sein, und dann ist der große Geist, das ›Waltende‹, schon in ihr mitenthalten und bekundet sich auch im Handeln des Leibes. Die Kraft des großen Geistes (ki) dient der Person des Menschen (ishi). Wessen ki frei ist, der kann mit unendlicher Freiheit allem in der rechten Weise begegnen. Wenn sein Geist sich versöhnt, wird er, ohne irgendeine besondere Kraft im Kampf einzusetzen, auch nicht an Gold oder Stein zerbrechen. Nur auf eines kommt es an: daß kein Hauch von Ich-Bewußtsein im Spiel sei, sonst ist alles verdorben. Wenn man auch noch so flüchtig an all das denkt, so ist es nur etwas Erkünsteltes. Es kommt nicht aus dem Wesen, nicht aus der ursprünglichen Schwingung des Weg-Körpers (do-tai). Dann aber wird auch der Gegner einem nicht zu Willen sein, sondern seinerseits widerstehen. Was für eine Weise oder Kunst also soll man gebrauchen? Nur wenn Du in jener Verfassung bist, die frei ist von jeglichem Bewußtsein *(mushin)*, wenn Du handelst, ohne zu handeln, ohne Absicht und Tricks, im Einklang mit der großen Natur, bist Du auf dem rechten Wege. So lasse man jegliche Absicht, übe sich in der Absichtslosigkeit und lasse es einfach aus dem Wesen geschehen. Dieser Weg ist ohne Ende, unerschöpflich.«

Und dann fügte die alte Katze noch etwas Erstaunliches hinzu: »Ihr müßt nicht glauben, daß das, was ich Euch hier sagte, das Höchste sei. Es ist nicht lange her, da lebte in meinem Nachbardorf ein Kater. Der schlief den ganzen Tag. Irgend etwas, das nach geistiger Kraft aussah, war nicht an ihm zu bemerken. Er lag da wie ein Stück Holz. Niemand hatte ihn je eine Ratte fangen sehen. Aber wo er war, gab es ringsherum keine Ratten! Und wo auch immer er auftauchte oder sich niederließ, ließ keine Ratte sich sehen. Ich suchte ihn einmal auf und fragte ihn, wie das zu verstehen sei. Er gab keine Antwort. Ich fragte ihn noch dreimal. Er schwieg. Aber eigentlich war es nicht so, daß er nicht antworten wollte, sondern er wußte offenbar nicht, was er antworten sollte. Also wußte ich: ›Wer etwas weiß, der sagt es nicht, und wer etwas sagt, der weiß es nicht.‹ Dieser Kater hatte sich selbst vergessen und so auch alle Dinge im Kreis. Er war ›nichts‹ geworden, hatte den höchsten Stand der Absichtslosigkeit erreicht. Und hier kann man sagen, er hatte den göttlichen Ritterweg gefunden: zu siegen ohne zu töten. Dem stehe ich noch weit nach.«

Shoken hörte dies wie im Traum, kam herbei, grüßte die alte Katze und sagte: »Nun übe ich mich seit langem schon in der Fechtkunst, aber das Ende habe ich noch nicht erreicht. Ich habe Eure Einsichten vernommen und glaube, den wahren Sinn meines Weges verstanden zu haben; aber inständig bitte ich Euch, sagt mir doch noch etwas mehr über Euer Geheimnis.« Da sprach die Alte: »Wie kann das zugehen? Ich bin nur ein Tier, und die Ratte ist meine Nahrung. Wie könnte ich über menschliche Dinge Bescheid wissen! Ich weiß nur soviel: Der Sinn der Fechtkunst liegt nicht bloß darin, über einen Gegner zu siegen. Sie ist vielmehr eine Kunst, mit der man zu gegebener Stunde in die große Klarheit des Lichtgrundes von Tod und Leben gelangt. *(Seishi wo akiraki ni suru.)* Ein wahrer Ritter sollte mitten in aller technischen Übung immerzu die geistliche Übung dieses Klarsinnes pflegen. Hierzu aber muß er vor allem die Lehre vom Seinsgrund von Leben und Tod, von der Todesordnung *(shi no ri)* ergründen. Den großen Klarsinn gewinnt nur, wer frei ist von allem, was ihn von diesem Weg abbringt *(hen kyoku,* Mitten-Ferne), besonders von allem fixierenden Denken. Ist das Wesen und seine Begegnung *(shin ki)* sich ungestört selbst überlassen, frei vom Ich und allen Dingen, kann es sich, wann immer es darauf ankommt, in voller Freiheit bekunden. Wenn Euer Herz aber noch so flüchtig an etwas haftet, wird das Wesen verhaftet und zu etwas In-sich-Stehendem gemacht. Ist es aber zu etwas In-Sich-Stehendem geworden, dann ist auch ein Ich da, das in sich steht, und etwas, das ihm widersteht. Dann stehen sich zwei gegenüber und kämpfen gegeneinander um ihren Bestand. Ist das aber der Fall, dann werden die jedem Wandel gewachsenen wunderbaren Funktionen des Wesens gehemmt. Dann ist die Todesklemme da, und man hat den dem Wesen eigenen Klarsinn verloren. Wie könnte man in dieser Verfassung dem Feind in der rechten Haltung begegnen und ruhig ›Sieg und Niederlage‹ ins Auge fassen? Selbst wenn man den Sieg davontrüge, es wäre nur ein blinder Sieg, der nichts mit dem Sinn der wahren Fechtkunst zu tun hätte.

Frei sein von allen Dingen bedeutet nun nicht eine leere Leere. Das Wesen als solches hat keine Eigennatur. Es ist an und für sich jenseits von allen Formen. Es speichert auch nichts in sich auf. Wenn man aber, was es auch sei, und wie geringfügig es auch sei, nur flüchtig fixiert und festhält — die große Kraft bleibt daran kleben, und das aus dem Ursprung fließende Gleichgewicht der Kräfte ist dahin. Wird das Wesen auch nur ein wenig durch etwas verhaftet, ist es in seiner Bewegung nicht mehr frei und strömt nicht mehr ungestört in seiner Fülle hervor. Ist das Gleichgewicht aus dem Wesen gestört, dann fließt seine Kraft, wo sie dennoch hinkommt, schnell über; wo sie aber nicht hinkommt, reicht es nicht aus. Wo sie überfließt, bricht gleich zuviel hervor, und es gibt kein Aufhalten mehr. Wo sie nicht hinreicht, ist der wirkende Geist geschwächt und versagt und kann sich hier wie dort, wenn es darauf ankommt, nicht der Lage entsprechend bewähren. Was ich Freiheit von den Dingen nenne, bedeutet also nichts anderes als dies: Speichert man nichts auf, lehnt man sich an nichts an, stellt man nichts fest, dann ist kein Stand und kein Gegen-Stand da. Weder ein Ich noch ein Gegen-Ich.

Wenn dann etwas daherkommt, so begegnet man ihm wie unbewußt, und es hinterläßt keine Spur. Im ›Eki‹ (Buch der Wandlungen) heißt es: ›Ohne Denken, ohne Tun, ohne Bewegung, ganz still: nur so kann man das Wesen und das Gesetz der Dinge von innen her und ganz unbewußt bekunden und endlich eins werden mit Himmel und Erde.‹ Wer die Fechtkunst so ausübt und sie so versteht, der ist der Wahrheit des Weges nahe.«

Shoken, als er dies hörte, fragte nun: »Was soll das bedeuten, daß weder ein Ich noch ein Gegen-Ich, weder ein Subjekt noch ein Objekt da ist.« Die Antwort der Katze: »Wenn und weil ein Ich da ist, ist auch ein Feind da. Stellen wir uns nicht als ein Ich hin, so ist auch kein Gegner da. Was wir also so nennen, ist nur ein anderer Name für das, was Gegensatz bedeutet. Insofern die Dinge eine Form wahren, setzen sie auch immer eine Gegenform. Wo immer etwas als ein Etwas feststeht, hat es aber eine Eigenform. Ist mein Wesen zu keiner Eigenform verfaßt, so ist auch keine Gegenform da. Wo kein Gegensatz ist, gibt es auch nichts, was gegen einen antritt. Das aber heißt: Weder ein Ich noch ein Gegen-Ich ist da. Läßt man sich selbst ganz fallen und wird also frei, von Grund auf, von allen Dingen, so befindet man sich in Harmonie mit der Welt, ist eins mit allen Dingen in der großen All-Einheit. Auch wenn des Feindes Form ausgelöscht wird, wird es einem gar nicht bewußt. Nein, nicht, daß man sich dessen überhaupt nicht inne würde, aber man verweilt nicht dabei, und der Geist bewegt sich weiterhin frei von aller Fixierung und antwortet einfach im Handeln frei aus dem Wesen.

Ist der Geist so von gar nichts mehr eingenommen und frei von aller Besetztheit, so ist auch die Welt, so wie sie ist, ganz unsere Welt und mit uns eins. Dies bedeutet, man nimmt sie nun jenseits von Gut und Böse, jenseits von Sympathie oder Antipathie. Man ist in nichts mehr befangen und bleibt auch an nichts in ihr haften. Alle Gegensätze, die wir vor uns haben, Gewinn und Verlust, Gut und Böse, Freud und Leid, kommen aus uns. In der ganzen Weite von Himmel und Erde ist für uns darum nichts so erkennenswert als nur unser eigenes Wesen. Ein alter Dichter spricht: ›Ein Körnchen Staub im Auge, und die drei Welten sind noch zu eng. Ist uns an nichts mehr gelegen, so ist das kleinste Bett immer noch weit.‹ Das heißt: Dringt ein Körnchen Staub uns ins Auge, so kann es sich nicht mehr auftun. Denn es dringt etwas dort hinein, wo es helle Sicht nur dann gibt, wenn nichts darin steckt. Dies mag uns zum Gleichnis dienen für das Sein, das leuchtend erleuchtendes Licht ist und in sich selbst ledig von allem, was ›etwas‹ ist. Wenn sich aber etwas davor stellt, vernichtet die Vorstellung seine Tugend. Ein anderer Dichter sprach so: ›Ist man von Feinden umstellt, hunderttausend an der Zahl, so wird zermalmt, was man selber an Form ist. Aber das Wesen ist und bleibt mein, so stark der Feind auch sein mag. In dieses kommt kein Feind je herein.‹ Konfuzius sagt: ›Auch eines einfachen Mannes Wesen kann man nicht stehlen.‹ Gerät aber der Geist durcheinander, dann wendet sich das Wesen gegen uns selbst.

Dies ist alles, was ich Euch sagen kann. Gehet nun in Euch und forscht selbst in Euch nach. Ein Meister kann dem Schüler immer nur die Sache mitteilen und sie zu begründen versuchen. Die Wahrheit zu erkennen und sie sich anzueignen, das vermag immer nur ›Ich-Selbst‹. Dies nennt man Selbstaneignung *(jitoku)*. Das Übermitteln erfolgt von Herz zu Herz *(ishin denshin)*. Es ist eine Weitergabe auf außerordentlichem Wege, jenseits von Lehre und Gelehrsamkeit *(kyogai betsuden)*. Dies bedeutet nicht, der Lehre der Meister zu widersprechen. Es bedeutet nur, daß auch ein Meister die Wahrheit selbst nicht weiterzugeben vermag. Dies gilt nicht nur für Zen. Angefangen von den geistlichen Übungen der Alten über die Kunst der Bildung der Seele bis hin zu den schönen Künsten — immer ist die Selbstaneignung das Kernstück, und dieses wird nur weitergegeben von Herz zu Herz, jenseits von aller überlieferten Lehre. Der Sinn jeder ›Lehre‹ ist nur: auf das, was jeder in sich selbst hat, ohne es selbst schon zu wissen, hinzudeuten und zu verweisen. Es gibt also kein Geheimnis, das der Meister dem Schüler ›übergeben‹ könnte. Zu lehren ist leicht. Zu hören ist leicht. Schwer ist es aber, dessen bewußt zu werden, was man in sich selbst hat, es zu finden und wirklich in Besitz zu nehmen. Dies nennt man: ins eigene Wesen blicken, Wesensschau *(ken-sei, ken-sho)*. Widerfährt es uns, haben wir Satori. Es ist das Große Erwachen aus dem Traum der Irrungen. Erwachen, ins eigene Wesen blicken, Selbst-Wahr-Nehmung ist alles dasselbe.«

Ito Tenzen Chuya

Zen für den Westen — Westlicher Zen[1]

Daß Zen so, wie der Osten ihn lehrt, in seinem Kerngehalt nichts nur Östliches ist, sondern eine Antwort auf ein existentielles Anliegen auch des westlichen Menschen, steht außer Zweifel. Nur der, der das Wesen des Zen nicht versteht, bleibt an seiner spezifisch östlichen Ausprägung hängen. Und doch dürfen wir nicht übersehen, daß sich hinsichtlich der Auffassung der Bestimmung des Menschen Unterschiede zwischen Ost und West zeigen, die wir beachten müssen, wenn die Grunderkenntnisse des Zen, seine Lehre und seine Übung für uns von Nutzen sein sollen. Dieser Unterschied betrifft das Verhältnis zur G e s t a l t werdung des Lebens.

Menschliches Leben ist gespannt zwischen einer Sehnsucht nach Erlösung und einem Auftrag zur Gestaltung der Welt. Hinsichtlich des Verhältnisses dieser beiden Pole besteht ein bleibender Unterschied zwischen dem östlichen und dem westlichen Geist. In eines jeden Wesens Eigenart liegt auch die Gefahr seiner Einseitigkeit beschlossen. Die Gefahr des östlichen Geistes ist eine Neigung zur Entgrenzung und Auflösung im All-Einen, die Gefahr des westlichen Geistes dagegen eine Neigung zur Erstarrung in festen Formen und zur Zerstückelung des Lebens. Beiden Seiten kann ihre Gefahr zum Anlaß der Besinnung werden.

Wo wirklich Erleuchtung eintritt, werden im Osten wie im Westen auch beide Pole gesehen und als untrennbar zusammengehörig empfunden, auch wo der eine aus Gründen der besonderen Tradition das Übergewicht hat. »Integration«, auch wo sie zum vorherrschenden Prinzip wird, bleibt sinnvoll nur als Auftakt zu immer neuer Artikulation. Artikulation umgekehrt bleibt sinnvoll nur als Frucht immer neuer Integration. Einfaltung und Ausfaltung bilden zusammen den Atem des menschlichen Reifens. Und doch unterscheiden sich die Geister durch das, worauf die Betonung liegt, auf der Einswerdung mit dem Wesen und schließlich auf dem Erlöschen

[1] Vgl. K. Graf Dürckheim, *Überweltliches Leben in der Welt.* Weilheim: O. W. Barth-Verlag ²1972, Kapitel: ›Ost und West‹.

des Welt-Ichs, ja selbst der individuellen Seele im All-*Einen Sein* oder auf der Artikulation des Wesens in wesensgerechter Gestalt in der raumzeitlichen Welt. Für den Abendländer liegt der Akzent auf der wesensgemäßen Gestalt. Sie ist uns, unserer Art und Tradition entsprechend, ausdrücklich als solche zu besonderer Verantwortung aufgegeben.

Bemühung um das vollendete Werk steht im Zen im Dienste der Einswerdung mit dem Wesen. Der Sinn der Übung, auch wo das Ziel eine gute Leistung oder ein vollendetes Werk ist, ist das innere Werden des Übenden, ist Erkenntnis und Abbau von Fehlhaltungen und Fehleinstellungen und das Spüren, Zulassen und Einfleischen der wesenhaften Fühlung mit dem Sein. Das, was als Tat oder Werk »herauskommt«, wird nur im Hinblick auf das in ihm erscheinende Maß an Seinsfühlung gewertet. Wir aber als Abendländer und als Träger des platonischen Erbes messen der geglückten Gestalt einen Eigensinn und einen Eigenwert zu und werden uns immer bemühen, sie auch um ihretwillen rein zu vollenden. Wir fühlen uns im Dienst nicht nur des menschlichen Werdens, sondern auch der vollendeten Gestalt. Nicht die Erlösung allein ist der dem Menschen als Teilhaber am Sein verheißene Sinn seines Lebens, sondern die vom Sein zeugende Schöpfung.

Was für jedes Werk in der Welt gilt, gilt im gesteigerten Maße auch für den Menschen. Seine Vollendung sehen wir in der P e r s o n, die als eine gültige Gestalt des Lebens gemeint ist, in der, christlich gesehen, das Wort Fleisch wird!

Aus der Wertung der Verwirklichung aller Wesen und auch des Menschen in einer leibhaftigen, in sich vollkommenen und daher eigenständigen Gestalt spricht die große Tradition des abendländischen Geistes. Unabdingbar gehört zu ihm das Ja zur gestalthaften und zur personalen Manifestation des Seins, zu der als solcher der Osten sich aus seiner Eigenart und Tradition nicht bekennt. Dafür ist auch bezeichnend, daß in der japanischen Sprache die Wörter »Persönlichkeit« und »Werk« bis in die Neuzeit hinein keinen Platz hatten.

Die Dreieinheit des Seins spricht den Menschen an als Fülle, als Gesetz und allumgreifende Einheit — den östlichen Menschen nicht weniger als uns. Die Götterbilder des Ostens spiegeln sie wie bei uns in den Attributen der Macht, Weisheit und Liebe. Im Buddhismus selbst erscheint sie als der dreifache Schatz: der Buddha — die Lehre — die Gemeinschaft der Jünger.

Ganz selbstverständlich erscheint die Dreieinheit des Seins im Osten — wie auch bei uns — in der unreflektierten Wertung des Menschen. Auch der Osten sucht, liebt und verehrt den Menschen, der nicht nur in seiner Kraft die Fülle verkörpert und in seinem Lieben-können die Einheit des Seins bekundet, sondern der auch Form hat und nicht von der Fülle zersprengt und vom Lieben zerlöst wird. Auch das Kunstwerk des Ostens zeigt wie bei uns ein ausgeprägtes Formgewissen, das sich in der vollendeten Gestalt bekundet, der nichts hinzugefügt noch abgestrichen werden kann. Aber der Sinn der Form ist für den Osten ein anderer als für uns.

Die Bewegung des Geistes, die sich einem Gebilde zuwendet, einem Kunstwerk zum Beispiel, kommt bei uns zur Ruhe im Genuß der vollendeten Form. Beim östlichen Menschen aber geht sie durch das Sichtbare hindurch und sucht den alleinen Grund, aus dem alle Formen aufsteigen und der sie wieder in sich zurücknimmt, der selbst aber jenseits von Form oder Nichtform ist. Für den östlichen Menschen ist die Blume in ihrer vollendeten Gestalt nur eine besondere Weise, in der das All-Eine sich manifestiert. Sie wird in rechter Weise nur als besondere Bekundung des Einen geschaut. Für uns aber ist die Gestalt selbst, in der sich das Sein offenbart, das Gemeinte, auf dessen Verwirklichung und Vollendung eine geglückte Entwicklung hinläuft. Der Sinn alles Werdens ist letztlich für uns nicht die Erlösung jeder Form und der Heimgang ins Eine, sondern die Bezeugung des Einen in der Gestalt, die die Inbildlichkeit des Seins offenbar macht. Daß der uns Menschen zum Vollendeten hin treibende Impuls aus dem Sein auf der zweiten Stufe des Bewußtseins in festen Formen verfälscht wird, darin das ursprünglich Erfahrene und Geschaffene sich in sich selber verschließt, rational verhärtet und, vom Sein abgelöst, schließlich erstarrt, das ist nur die Fehlform des eigentlich Gemeinten. Der Osten nennt das »die westliche Krankheit der Form«. Sie kommt uns heute selbst zum Bewußtsein. Die Rebellion gegen das formal Festgelegte ist im Gang. Zen kann uns helfen, sie fruchtbar werden zu lassen auf Wegen, die seiner Übung entsprechen. Darum auch befassen sich heute Künstler und Psychologen mit Zen, und rasch wächst in der Welt der Gläubigen, die ihren Glauben verloren, die Zahl derer, die sich der Meditation im Stile des

Za-Zen hingeben, um in der »Leere« die Voraussetzungen zu schaffen, aus denen die Ur-Erfahrungen des Seins hervorblühen können. Das sind die Erfahrungen, die jeder lebendigen Religiosität zugrunde liegen, deren verhärtete Interpretation aber zum Pseudoglauben und bloßen Lippenbekenntnis führt und den Kult in Formalismen erstarren läßt.

Nicht nur wie bisher den großen Könnern und Künstlern, sondern einem ganzen Geschlecht beginnt es zu dämmern, daß das Werk und der Mensch als Gestalt nur dann wirklich leben, wenn sie durchlässig sind für das lebendige Sein. Über den Weg zu dieser Durchlässigkeit können wir vom Osten viel lernen. Der Sinn der Meditation im Stile des Zen ist die Verwandlung zur großen Durchlässigkeit für das »Wesen«. Und weil die Meditation im Stile des Za-Zen so großes Gewicht auf die rechte Haltung legt, ist sie uns gleichsam auf den Leib geschrieben. Durch das Ernstnehmen der *Person* als Gestalt und der Gestalt als *Person* kommt aber etwas hinzu, das eine Weiterbildung der Übungen des Zen erfordert, das dem personalen Gestaltgewissen des Abendlandes und seiner christlichen Tradition entspricht. Es geht um einen westlichen Zen.

Die Dreieinheit des Seins wirkt in allem, was lebt. Alles, was lebt, steht im Zeichen seiner Fülle, Inbildlichkeit und Einheit, daraus das *Leben* uns trägt, formt und ganz im Ganzen sein läßt. Aber die Inbildlichkeit des Lebens (Logos) tritt uns Abendländern deutlicher ins Innesein als dem Osten, und seine Bezeugung in der Gestalt ist uns in besonderer Weise überantwortet, geht es um ein Werk in der Welt oder um den Menschen selbst. Vollkommen ist uns das Werk, das als Gestalt in vollendeter Weise verwirklicht, was sie der »Idee« nach verkörpert. Und menschliche Gestalt verkörpert für uns ihrer Idee nach *Person*.

Das »Gesetz, nach dem wir angetreten«, die »Idee«, die Lebensformel unseres Wesens, kommt uns als Bild ins Bewußtsein und schwebt uns vor als aufgegebene Gestalt. Aber im Grunde ist das Wesen kein In-Bild, sondern der uns eingeborene In-Weg, den wir Stufe um Stufe zu gehen haben, der Weg der Offenbarwerdung des Seins in individuell personaler Gestalt. Am Anfang dieses Weges aber steht, wenn er bewußt gegangen wird, die »Große Erfahrung« und das Bewußtwerden der Zeichen und Signaturen, in denen das Leben seine Gesetzlichkeit, seine Ordnung, seine Inbilder anzeigt und zu jeweils individueller Auszeugung hindrängt.

Zu den Zeichen, die dem Zen-Meister zeigen, daß sein Schüler erwachte und nun als ein an Leib und Seele Verwandelter vor ihn hintritt, gehört die unbefangene und unerschrockene Bezeugung seiner Individualität. Nur weil er das Sein geschmeckt hat, ist er nunmehr er selbst, als diese in vollem Sinn Person gewordene einmalige Individualität, frei geworden, sich auch gegenüber dem Meister unbefangen zu verhalten. Aber hier eben ist ein Unterschied in der Wertung: Während der östliche Meister die Individuation nur als Zeichen dafür wertet, daß sein Schüler zum erlösenden Sein hinfand und sich in dieser Berührung vom Ich befreite, erscheint uns die Verwandlung, die ihn zu sich selber entband, als das wesentliche Ergebnis seiner Erfahrung. Für uns erfüllt sich der Sinn des Erwachens darin, daß es den Menschen zu seiner Individualität bringt und wahrhaft Person werden läßt. Und Person ist für uns der Mensch nicht nur, weil das Sein überhaupt durch ihn hindurchtönt, sondern weil es als individuelle Gestalt in Erscheinung tritt. Auch für uns zeigt sich die Vollendung des Menschen darin an, daß er transparent ist für das Sein und diese Transparenz im Glanz seines Erlebens, in der Strahlung seiner Erscheinung und im Segen seines Wirkens bekundet, aber vor allem sehen wir im also Vollendeten, daß sein göttliches Wesen in ihm zur gültigen Form wurde — Person, die auch im Umkreis Vollendung bewirkt.

Auch der östliche Zen weiß, daß wir das Sein nur erfahren können in der Weise des eigenen Wesens, und daß die wirkliche Erfahrung der eigenen Individualität auch die Erfahrung des Seins bedeutet. Wenn wir daher einfach annähmen, der Zen sei formfeindlich, so hieße das wiederum, den Zen mißverstehen, denn das Sein ist für Zen nicht jenseits der Formen, sondern übergegensätzlich, d. h. auch jenseits von Form oder Nichtform, also auch in jeder Form anwesend.

So ist im Zen also auch Platz für die Form und, d. h. im Hinblick auf den Menschen, auch für die gestalthaft geschaute Person. Wenn daher ein Vertreter des christlichen Westens einem Zen-Meister mit der Behauptung begegnet, Gott sei Person und nicht das unpersönlich All-Eine, so wird er nur einem verständnis-innigen Lächeln begegnen. Er wird freilich, je größer der Eifer ist, mit dem er das Personhafte betont, den Verdacht des Festhaltens an jenem »Gott« auf sich ziehen, von dem Meister Eckehart sagte: »Wo das Ich entwird, entwird auch Gott.« Zen verneint nur die Gottesvorstellung, die dem fixierenden Ich entspricht. Als ich einst den Abt des Zen-Klosters bei Sendai, Meister Miura, der meine Veröffentlichung über Meister Eckehart gelesen hatte, nach seiner Meinung über das Verhältnis von Eckehart zu Zen fragte, sah er mich erst still und unbewegt an. Dann schoß wie ein Schwerthieb seine rechte Hand vor, sinnend schaute er einen Augenblick auf den winzigen Zwischenraum zwischen Daumen und Zeigefinger und sagte: »So ist das! Nur ein hauchdünnes Blatt ist dazwischen. Daran besser nicht rühren.« Das hauchdünne Blatt, das er meinte, was ist es? Und warum besser nicht daran rühren? Der Meister wollte damit folgendes sagen: »Was wissen wir davon, ob nicht in der Weise, in der Eckehart von der Gottheit spricht, die große Einheit mit anklingt, die wir meinen und die jenseits von Person und Nicht-Person ist? Wißt ihr aber so gewiß, daß das göttliche Wesen uns nicht auch personhaft gegenwärtig ist, wir uns aber hüten, dem Einen noch einen Namen zu geben in Sorge, den Unnennbaren in einen Begriff einzuschließen, in dem sich der Fürchte- und Wünsche-Gott des Ichs spiegelt?« Und doch i s t hier ein Unterschied! Vielleicht m u ß der Abendländer, und zwar nicht nur der, der sich zum Christentum bekennt, auch wenn er SEIN als das Unfaßbare erfuhr, das Geheimnis doch wieder als eine »höchste Gestalt« verehren und sich nicht scheuen, es beim heiligen Namen zu nennen. Der Osten aber scheut sich davor, nimmt sich zurück und bewahrt es im Schweigen.

Das Ernstnehmen der Gestalt in ihrem eigenen Sinn und also auch der gestaltgewordenen Kräfte gehört zum westlichen Geist. Aber für die auch uns auf dem Wege aufgegebene Wandlung und Neu-Entbindung der gestaltenden Kräfte wird Zen als Lehre und Übung bedeutsam. Denn gerade auch der Entfaltung der schöpferischen Kräfte im Menschen können die Erkenntnisse des Zen von höchstem Nutzen sein und so auch die Übungen im Sinne des Zen. Denn was steht der Bezeugung des Schöpferischen stärker im Wege als das fixierende und vorstellende Ich und all die Bilder und Begriffe, in denen es sich bewegt oder festigt und denen Zen den Kampf angesagt hat? Und was vermöchte die schöpferischen Kräfte zuverlässiger zu fördern als jene Haltung, in der der Mensch, befreit von den ihn besetzenden Vorstellungen, in die große Leere vorstößt und das Walten des Grundes zuläßt?

Wenn von Zen als Übungspraxis die Rede ist, ertönt oft die Frage: Was soll und was kann uns, die wir der Meister ermangeln, die Kunde von Wegen und Mitteln denn helfen, die an einen Meister gebunden erscheinen?[2] Hierzu dürfen wir folgendes wissen: Was im Osten der Meister, der einen Schüler neu aufnimmt, erst tun muß, um in ihm die Voraussetzungen zu schaffen, unter denen er zur Erfahrung bereit wird, bringt der zum Suchen Erwachte im Westen schon teilweise mit. Gerade weil der westliche Mensch sein Ich immer selbstverständlich bejahte, den Anspruch seiner Individualität hochhält, gegen die Schicksalsgewalten mit eigener Kraft ankämpft und sich schließlich im Netz seiner Begrifflichkeit, seiner Techniken und Organisationskünste immer mehr verfängt, gelangt er von selbst an die Grenze, an der er für das bereit wird, was ihn jenseits der Grenze erwartet. Sind wir aber selbst wirklich zu Wanderern an der Grenze geworden und haben wir einmal, aber unabdingbar, den Ruf von »drüben« vernommen, dann sind wir auch fähig, die Stimme des Meisters zu hören, die in den Grenzsituationen des Lebens in unserem Inneren ertönt und uns zur Umkehr und auf den Weg ruft. Wir ahnen schon die offene Weite in uns, die sich auftut, wo das Gebäude zerbricht, indem wir uns bisher ver-hielten. Dann aber ist es nicht mehr weit zur Bereitschaft, den Weg in die Freiheit zu suchen. Wer sich seiner Gefangenschaft in fixierten Vorstellungen und Ordnungen bewußt wird, wird zum Weg bereit, auf dem man sich in seiner Not ernst nimmt, das zu innerst Erfahrene zur Einsicht erhebt und in selbst auferlegter Zucht den Alltag selbst zur Übung macht. Und endlich auch wird man sich nicht mehr scheuen, Hilfe in Anspruch zu nehmen, wo immer auch sie sich bietet. Der Hilfen und Helfer sind heute mehr, als man glaubt, man muß nur bereit sein, sie zuzulassen und sich ihnen zu stellen. Entscheidend aber ist zu erkennen, daß in unserem Zeitalter das überweltliche Sein in seiner Fülle, als Logos und in seiner alldurchwaltenden Einheit in das Innesein einer zu ihm herangereiften Menschheit einbricht. Nicht Tausende, sondern Millionen sind durch den Tod hindurchgegangen und haben auf dem Gipfel der Angst, von Vernichtung bedroht, das Unvernichtbare erfahren. Millionen leben um uns, die die Hölle der Verzweiflung am Unbegreiflichen kennen, und haben, an die Grenze des Wahnsinns getrieben, das Unbegreifbare gespürt. Millionen kennen den Abgrund der Verlassenheit und haben die Bergung im All-

[2] Vgl. K. Graf Dürckheim, *Der Ruf nach dem Meister* . . ., a.a.O.

umfassenden erfahren. Alles hängt davon ab, daß der Mensch von heute das *Sein*, das er in schwersten Stunden als Rettung erfährt, ernst nimmt und lernt, es auch bewußt zuzulassen als einen uns innewohnenden weltunabhängigen Halt, als einen allem Verstand überlegenen Sinngrund, in den kein Zweifel hineinreicht, und als Liebe, die alles vermag.

Millionen haben das Sein aber nicht nur als erlösende Macht erfahren, sondern auch den verpflichtenden Kern gespürt, dem das Vermögen zu seinsgemäßer Gestaltung unseres Lebens innewohnt. In dieser Erfahrung erst wurde der wahre Impuls und die Verheißung gespürt, die den Menschen antreiben, sich um die Welt in einer Weise zu mühen, die dem ihr vorgegebenen und innewohnenden Gesetz des *Großen Lebens* entspricht. Geschlossene Persönlichkeit, in sich stehendes Werk, gültiges System und reibungslos funktionierende Ordnung sind und bleiben Ziele des Menschen, dessen Sicht durch den Horizont seines natürlichen Ichs begrenzt ist. Aber als Endziele gehören sie zu der zu Ende gehenden Zeit. Sie werden abgelöst durch Ziele, in denen die Eigenständigkeit des Welt-Ichs und seiner Werke durchscheinend wird für das göttliche Sein, dessen Manifestation in der Welt ihr Sinn ist.

Die Persönlichkeit, die eigenständig und leistungsstark sich in Werk und Tugend dem objektiven Geist und der von ihm durchwirkten Gesellschaft verpflichtet weiß, muß heute, sich selbst überschreitend, wahrhaft Person werden, die in ihrer Durchlässigkeit immer auf dem Weg bleibt und alle Gestaltwerdung in sich und der Welt nur als transparente, weiterer Verwandlung zugängliche Form zuläßt.

In bleibender Fühlung mit dem in das Reich der Erfahrung aufgenommenen Sein und im Gehorsam für sein Gesetz, in der Wachsamkeit gegenüber dem eigenen Versagen, in der Rebellion gegen verlogene Fassaden und in der Verpflichtung zu einer neuen Welt wächst heute ein neues Geschlecht heran, und aus dem Ohnmächtigwerden der alten Gewalten, aus der Entzauberung der alten Tabus und der Absage an weltfremde Ideale tritt der nüchterne Geist der Wahrheit des Grundes auf den Plan.

Je dunkler die Wolken erscheinen, die am Horizont unserer Zeit heraufsteigen, um so bereiter werden wir für das Licht, das alle Wolken zerreißt. Ob man die Wolken ernster nimmt oder das Licht, das scheidet für ewig die Geister. Es ist die Schicksalsfrage, die an uns gestellt ist, ob im Wettlauf der

Gewalten der dem Sein entfremdete alte Mensch siegt, dessen verhärteter Geist auf die Vernichtung zuläuft, oder aber der neue, der, zum Gefäß und Mittler des überweltlichen Seins herangereift und mündig geworden, sich selbst und die Welt einem neuen Leben zuführt.

Karlfried Graf Dürckheim

Im Zeichen der großen Erfahrung

250 Seiten/Leinen

Von der »großen Erfahrung«, in der unser raum-zeitliches Selbst seinem metaphysischen Wesen begegnet, handelt Dürckheims Werk. Indem es den Menschen anleitet, ernst zu nehmen, was er in seinen besten Stunden erfuhr, verschafft es ihm Zugang zu seinem wahren Wesen, macht ihn zum Zeugen eines größeren Lebens.

O. W. Barth Verlag

FISCHER
TASCHENBÜCHER

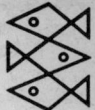

Psychologie.

FISCHER
TASCHENBÜCHER

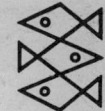

Psychologie.

Funk-Kolleg Pädagogische Psychologie in zwei Bänden
Hrsg.: F. E. Weinert, C. F. Graumann, H. Heckhausen, M. Hofer
(Bd. 6115, 6116)

Reader zum Funk-Kolleg Pädagogische Psychologie
Bd. 1: Entwicklung und Sozialisation
Hrsg.: C. F. Graumann und H. Heckhausen (Bd. 6113)
Bd. 2: Lernen und Instruktion
Hrsg.: M. Hofer und F. E. Weinert (Bd. 6114)

Eberhard Haas
Selbstheilung durch Drogen?
Zur Psychoanalyse der Drogenabhängigkeit von Jugendlichen (Bd. 6262)

Klaus Holzkamp
Kritische Psychologie (Bd. 6505)

Henry Jacoby
Alfred Adlers Individualpsychologie und dialektische Charakterkunde
(Bd. 6230)

C. G. Jung
Bewußtes und Unbewußtes
(Bd. 6058)

Alfred C. Kinsey
Das sexuelle Verhalten des Mannes
(Bd. 6003)

Marxismus Psychoanalyse Sexpol
Hrsg.: Hans-Peter Gente
(Bd. 6056) / (Bd. 6072)

Fischer Lexikon Psychologie
Neubearbeitung
Hrsg.: Peter R. Hofstätter
(Bd. FL 6)

Tilmann Moser
Jugendkriminalität und Gesellschaftsstruktur (Bd. 6158)

Ola Raknes
Wilhelm Reich und die Orgonomie
(Bd. 6225)

Josef Rattner
Aggression und menschliche Natur
(Bd. 6173)
Der schwierige Mitmensch (Bd. 6186)
Gruppentherapie (Bd. 6223)
Psychotherapie als Menschlichkeit
(Bd. 6253)
Neue Psychoanalyse und intensive Psychotherapie (Bd. 6266)

Wilhelm Reich
Die sexuelle Revolution (Bd. 6093)
Die Entdeckung des Orgons /
Die Funktion des Orgasmus (Bd. 6140)
Charakteranalyse (Bd. 6191)
Die Massenpsychologie des Faschismus (Bd. 6250)

Marthe Robert
Die Revolution der Psychoanalyse
Leben und Werk Sigmund Freuds
(Bd. 6057)

Manès Sperber
Alfred Adler oder
Das Elend der Psychologie (Bd. 6139)

Robert Waelder
Die Grundlagen der Psychoanalyse
(Bd. 6099)

Gunther Wollschläger
Kreativität und Gesellschaft
(Bd. 6177)

Hans Zulliger
Heilende Kräfte im kindlichen Spiel
(Bd. 6006)
Helfen statt strafen — auch bei jugendlichen Dieben (Bd. 6037)
Umgang mit dem kindlichen Gewissen (Bd. 6074)
Die Angst unserer Kinder (Bd. 6098)

FISCHER
TASCHENBÜCHER

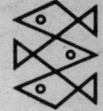

Pädagogik.

Alfred Adler

Heilen und Bilden.
Ein Buch der Erziehungskunst
für Ärzte und Pädagogen
(Bd. 6220)

Individualpsychologie in der
Schule. Vorlesungen für Lehrer
und Schüler (Bd. 6199)

August Aichhorn

Psychoanalyse und Erziehungs-
beratung (Bd. 6233)

Werner Correll

Lernen und Verhalten.
Grundlagen der Optimierung
von Lernen und Lehren
(Bd. 6146)

Johannes Cremerius (Hrsg.)

Psychoanalyse und Erziehungs-
praxis (Bd. 6076)

Fischer Lexikon Pädagogik

Neubearbeitung
Hrsg.: Hans-Hermann Groothoff
(FL 36)

**Funk-Kolleg
Erziehungswissenschaft**

Eine Einführung in 3 Bänden.
Hrsg.: W. Klafki, G. M. Rückriem,
W. Wolf, R. Freudenstein, H.-K.
Beckmann, K.-Ch. Lingelbach,
G. Iben, J. Diederich.
(Bd. 6106, 6107, 6108)

**Reader zum Funk-Kolleg
Pädagogische Psychologie**

Bd. 1: Entwicklung
und Sozialisation.
Hrsg.: C. F. Graumann/
H. Heckhausen (Bd. 6113)

Bd. 2: Lernen und Instruktion.
Hrsg.: M. Hofer/F. E. Weinert
(Bd. 6114)

Martin Goldstein/Will McBride

Lexikon der Sexualaufklärung
(Bd. 1221)

Reinfried Hörl (Hrsg.)

Kinder in ihrer Welt — Kinder
in unserer Welt. Kleines Prak-
tikum für Eltern und Erzieher
(Bd. 6085)

Edwin Hoernle

Grundfragen proletarischer
Erziehung (Bd. 6247)

Otto F. Kanitz

Das proletarische Kind in
der bürgerlichen Gesellschaft
(Bd. 6240)

FISCHER
TASCHENBÜCHER

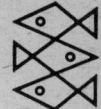

Pädagogik.

Gerd Köhler/ Ernst Reuter
(Hrsg.)
Was sollen Schüler lernen?
Die Kontroverse um die hessischen Rahmenrichtlinien für die Unterrichtsfächer Deutsch und Gesellschaftslehre
(Bd. 1460)

Tilmann Moser
Jugendkriminalität und Gesellschaftsstruktur (Bd. 6158)

Jean Piaget
Theorien und Methoden der modernen Erziehung (Bd. 6263)

Sozialistische Projektarbeit im Berliner Schülerladen Rote Freiheit
Autorenkollektiv am Psychologischen Institut der FU Berlin
(Bd. 1147)

Karin Storch
Der zweite Bildungsweg.
Chance oder Illusion?
(Bd. 1372)

Johannes Weber/Jochen Schatte
Lesetraining.
Eine Anleitung zum schnelleren Lesen und besseren Lernen
(Bd. 1240)

Lutz von Werder
Von der antiautoritären zur proletarischen Erziehung
(Bd. 1265)
Sozialistische Erziehung in Deutschland. Geschichte des Klassenkampfes um den Ausbildungssektor 1848–1973
(Bd. 6244)

Gunther Wollschläger
Kreativität und Gesellschaft.
Neue pädagogische Methoden am Beispiel der Jugendkunstschule Wuppertal (Bd. 6177)

Hans Zulliger
Heilende Kräfte im kindlichen Spiel (Bd. 6006)
Helfen statt strafen auch bei jugendlichen Dieben (Bd. 6037)
Umgang mit dem kindlichen Gewissen (Bd. 6074)
Die Angst unserer Kinder. Zehn Kapitel über Angstformen, Angstwirkungen, Vermeidung und Bekämpfung der kindlichen Ängste (Bd. 6098)

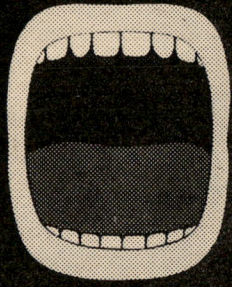

FISCHER
TASCHENBÜCHER

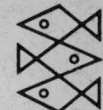

Jazz. Rock.

Joachim Ernst Berendt

Das Jazzbuch

Von Rag bis Rock
(Neuausgabe)
(Bd. 6246)

**Philippe Carles und
Jean-Louis Comolli**

Free Jazz — Black Power
(Bd. 1464)

**Rainer Dollase/Michael Rüsenberg/
Hans J. Stollenwerk**

Rock People
oder Die befragte Szene
(Bd. 6255)

Helmut Salzinger

Rock Power
oder Wie musikalisch ist die
Revolution?
(Bd. 1280)